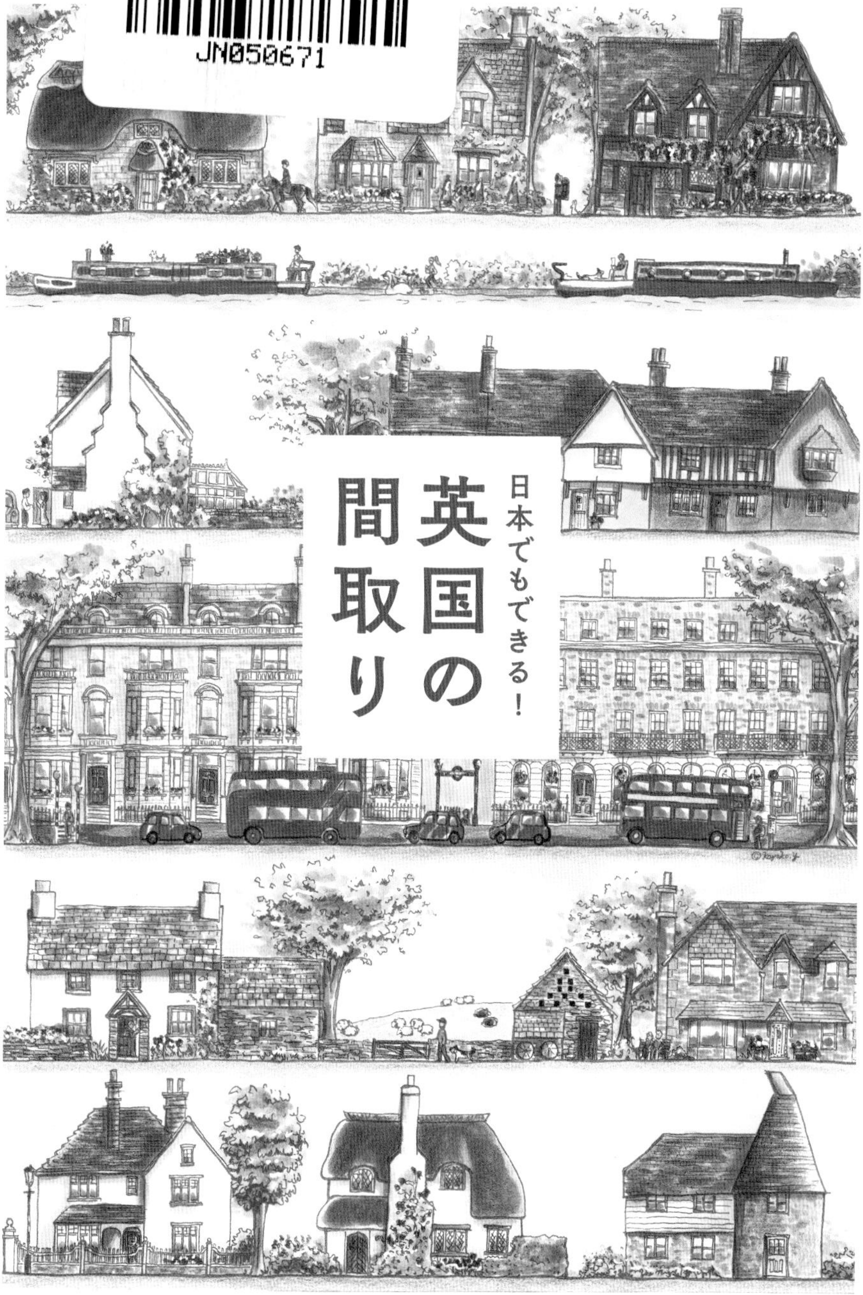

日本でもできる！
英国の間取り

山田佳世子 *Kayoko Yamada*

X-Knowledge

はじめに

英国の間取りの秘密

家にも年を重ねた年数分の物語がある

「家は育て、つなぐもの」英国人の住宅を多く訪問して得た考え方です。最初に英国の家を見たときは、外観の美しさに魅了されるのと同時に、その存在感に圧倒されました。存在感は年月を重ねた家ほど感じます。つまりその家に積み重ねられた年月からくるものであり、歴代の住人の歴史ということになります。それは何も歴史的人物が住んでいた建物に限りません。英国には、名もない一般人が住んでいた古い家が多く残り、そ

場所:コッツウォルズ地方バイブリー
時代背景:1650年築羊毛産業の農家の家として
現在住む人:定年後移り住んだ80歳代の老夫婦(2015年時)

の一般人が住み継いできた歴史が宿る家に、今もなお人々が住んでいます。歴史の流れとともに、そこに住む人々とあり続けた家には遍歴が残り、それが存在感を醸し出し、「味」といわれるものを感じさせてくれるのだと思います。私がその魅力に気づけたのは、多くの一般の家を訪問して家への考え方や住まい方を体感したからでした。

何より、そんな家で当たり前のように生活をしている人たちがいることに関心がわきました。「家の中はどうなっているんだろう？」と興味をもち、家を巡る旅を計画しました。さまざまな地域、いろいろな年代の家、それぞれ異なる家族構成の泊めてもらえる家を探し、2週間置きに滞在し、渡り歩く旅です。その最初の旅で仲良くなった人に友達の家を紹介してもらうかたちで家を訪問し続け、何度かに分けて渡英し、約70軒ほどの家を訪問してその魅力を内部から探りました。

英国の家は「中古」の家がほとんどです。家は建てられたその日から「その地にあるもの」となり、そもそも建て替えるという発想がないことに驚きます。素敵な家はその時代に合うようにその時々の住人によってメンテナンスが施され、受け継がれていきます。地産の自然素材で建てられた外観はそのまま維持することが求められ、年月とともに自然に溶け込んで行きます。この循環が、古い家が残り、今も住み継がれる要因です。

英国の家の間取りは歴代住人のメンテナンスの積み重ねであり、時代に合った増改築が何度も重ねられているため、単純ではありません。オリジナルのまま残っている家ほど新しく、年月を重ねるほど難解であり、そこに秘密が眠ります。日本の家は住み継ぐという概念が乏しいように思います。機能的に１００年住宅を謳《うた》っていても、「住みたい」「壊したくない」と思ってもらえる次世代の住まい手が居なければ、結局後世には残りません。世代を超えて愛される英国の家の物語を読んでいただくことで、１００年後、日本の家も住み継がれる家に少しでもなっていればと願います。

山田佳世子

イギリスの住宅史

住み継がれた家には歴史があり、その家が建てられた時代には背景があります。時代を経た家にはパワーがあり、長い年月を重ねた年輪が、またイギリスの住宅の魅力です。ここではイギリスの住宅の歴史を簡単な表にしました。

年号
1485　1560

様式
チューダー様式　リザベサン・ジャコビアン様式

王
リチャード3世　ヘンリー7世　ヘンリー8世　エドワード6世　メアリー1世　エリザベス1世　ジェームズ1世　チャールズ1世

出来事

庶民

農村部の家

都市部の発展・人口増加

貴族

マナーハウス
（荘園領主の館）

16世紀〜20世紀初頭
カントリーハウス
マナーハウスの発展形で富裕層のステータスシンボル。
戦前まで各時代の様式で建てられた

有名建築家

日本
室町時代　1573　安土桃山時代　1603
戦国時代

1837		1790			1714				1
リージェンシー様式		ジョージアン様式						王政復古	
ウィリアム4世	ジョージ4世	ジョージ3世	ジョージ2世	ジョージ1世	アン	ウィリアム3世・メアリー2世	ジェームズ2世	チャールズ2世	

18世紀中頃～
第1次産業革命
農業中心の
田舎暮らしから
工場で働く
都市生活へ

1774
ロンドン建築法
テラスハウス
4段階の格付け
P35

1667
再建築法
ロンドン
木造建築禁止

1666
ロンドン
大火災

1760
ナローボートの誕生。水路の開発始まる

17～18世紀
グランドツアーの流行
上流階級子息による
ヨーロッパ周遊
建築物に影響

1825
鉄道開業（蒸気機関車）
鉄道による物流改革

貴族は両方所有

タウンハウス
（テラスドハウス）
都心にある貴族の館
社交目的の仮住まい

ジョン・ウッド
（1728～1781）
ロイヤルクレッセント

ロバート・アダム
（1728～1792）
ジョージアン後期
最も人気の建築家
多くのカントリーハウス
を手掛ける

クリストファー・レン
（1632～1723）
王家の建築主幹
町並み復興計画
ルネッサンスの普及

イニゴー・ジョーンズ
（1573～1652）
王家の建築主幹
最初のテラスハウス

江　戸　時　代

1837

ビクトリアン様式

ビクトリア女王

大英帝国の繁栄

1880
公営住宅の
発足

1895
ナショナルトラスト協会発足
自然や文化財を守る会費と
ボランティアからなる団体。
保護された建物や庭園は
現在350を超える

動

1851
ロンドン大博覧会

〜19世紀後半
第2次産業革命
中産階級の増加
労働者階級の
貧困化

都市の過密化・
スラム化・
不衛生・伝染病

モデルビレッジ
経営者による
労働者のための
町づくり
p42

財を成した経営者
「カントリーハウス」建設
（貴族以外も
住むようになる）

鉄道の発達と都市部公害汚染
により、ゆとりのある人達から、
住宅が郊外へ移っていく。
鉄道駅を中心の住宅開発

1840
セミデタッチドハウスの誕生
ゴシックリバイバルの流行

住宅の
郊外化

ウィリアム・モリス
（1834〜1896）
テキスタイルデザイナーなど

フィリップ・ウェッブ
（1831〜1915）
レッドハウス

チャールズ・バリー
（1795〜1860）
国会議事堂

明　治

1868
明治維新

現代　1939　1918　19

モダン　戦間期　エドワーディアン様式

エリザベス2世　ジョージ6世　エドワード8世　ジョージ5世　エドワード7世

1979
持ち家制度
カウンセルハウス
（公営住宅）を
購入する権利
持ち家率が上がる

1939~1945
第2次
世界大戦

1914~1918
第1次
世界大戦

188
アーツ&ク
工業化・機械
手仕事の重要
過去の様式の
p30

現代
都市部の住宅高騰
海外投資家の購入
都市部空洞化
一般人の住宅不足
都市部フラットマンション
建設増加

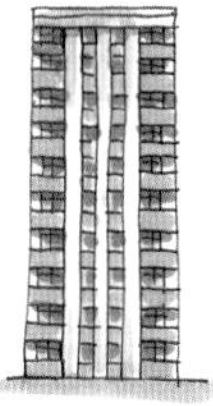

1950〜1970
タワーブロック
高層公営住宅

プレハブ住宅
（耐久年数10〜15年）
戦後の住宅不足

ガーデンシティ
郊外の
街並み計画
p43

1968
ナローボート運搬法の制定
水路の再建・用途多様化

1967
コンサベーションエリア
町並みを守る法律

一般層へと
広がっていく

ノーマン・フォスター
（1935〜）
ロンドン市庁舎
30セント・メリー・アクス

リチャード・ロジャース
（1933〜）
ミレニアムドーム
（現在はThe O_2の名称に変更）

チャールス・レニー・マッキントッシュ
（1868〜1928）
ヒル・ハウス

令和　平成　昭和　大正

2019　1989　1926　1912

『日本でもできる！　英国の間取り』目次

イラスト：山田佳世子
デザイン：chichols 山田知子
DTP：TKクリエイト竹下隆雄

chapter

I

イギリスには どんな 家があるの？

Front

Back

episode

01

イギリスにはどんな家があるの？

地域の素材で見る家の特徴

イギリスでは、その地域で採れる材料を用いて家を建てることが多いため、どの地域の家か、建物を見ただけで分かります。流通が発達する以前は、地場産材を用いた家が世界中で見られました。流通が発達してからは地域性が薄れ、流行の素材がどの地域でも使われています。しかし古くからの建物が立ち並ぶイギリスでは、新築の建物も街並みの景観を壊さないように配慮することが常となっています。街並みを守る規制がかけられている家や地域（Ｐ１８０）もありますが、その地域の様式に溶け込む家をよしとする価値観が、人々に根付いています。

地域で採れた素材には、その土地の色があります。土の色、背景となる景色と同じ色をもつ素材を使った家は、人工物であっても違和感なくそこに存在することができるのです。日本では「家」と「土地」を分けて評価するのが一般的ですが、イギリスでは家と土地は一体で評価します。家は年月を重ねてその土地と一体化していくという考え方です。

イギリス全土にはさまざまな仕様の家があり、建てられた当時にどのような素材がとれる地域であったかということも、その街並みから分かります。その土地の素材でつくられた家は特有の色を成し、その街並みは美しく、誇りをも感じさせます。

ロンドン

イギリスの首都。ロンドンで私たちが目にする住宅は、18世紀以降の建物がほとんどです。ロンドン大火（1666年）で木造住宅は消失。それ以降は、組石造りでレンガ仕上げの連続住宅が建てられ続け、今日の街並みとなっています。

イエローストックブリック

ロンドン南東部の黄色い粘土からつくられるレンガ。黄色のなかに黒い斑点模様があるのが特徴。17世紀から19世紀の建物に多くみられ、ロンドンブリックといえば、イエローブリックを指すことが多い。

レッドストックブリック

19世紀後期に、ロンドン北部でオックスフォード粘土によるレンガが量産可能となり、ビクトリアン後期以降の建物に多く使われている。装飾性豊かなレンガの登場により、住戸ごとに変化に富むデザインが生まれている。

イングランド南東部

リゾート地などの美しい海岸線をもつエリア。風が強いため壁を補強する工夫が見られます。海岸の石が使われていたり、レンガや漆喰仕上げの白く明るい印象の家が多くみられます。

①

平瓦を壁に装飾した家

木造を基本構造としているため、雨風から守る役割もあるという平瓦を壁にも打ち付けている。2階部分に装飾的に使われ、平瓦のデザインも多い。

②

羽目板の家

農業建築の枠組み壁として16世紀頃から見られる手法。小規模住宅に見られる。木の羽目板を横張りする。羽目板は、白か黒の塗装仕上げがされている。

③

火打石（フリント）の家

白亜を形成する上層から採れる火打石。その小石を半分に切断し、切断面を外に向けてはめ込み、表面を平らにする。切断面は、白黒のマーブルカラーのような色をしている。

イングランド東部

イングランドで最も肥沃な土地で、野菜などの農業景色が見られる地域です。海岸沿いは南部と同じく小石を使った家が見られます。建物が建てられた当時、森林が豊かであったため木造が多く見られます。

④

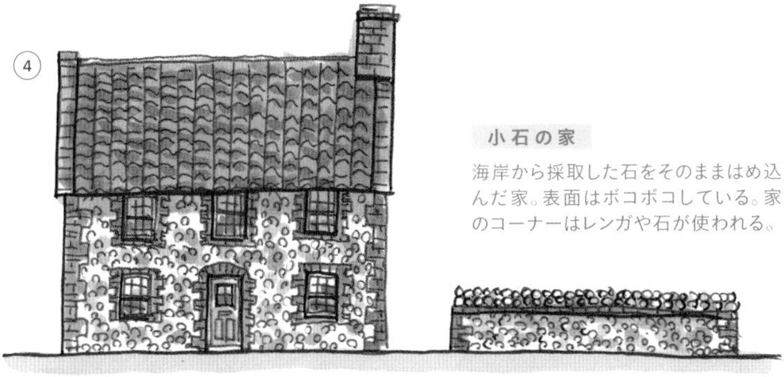

小石の家

海岸から採取した石をそのままはめ込んだ家。表面はボコボコしている。家のコーナーはレンガや石が使われる。

⑤

漆喰の浮彫模様のある家

木造の漆喰仕上げの家。「パーゲッティング」と呼ばれる浮彫り風のデザインが、仕上げ材の漆喰の凹凸で浮上って見える。さまざまなデザインがあり、17世紀の木造の家に多く見られる。

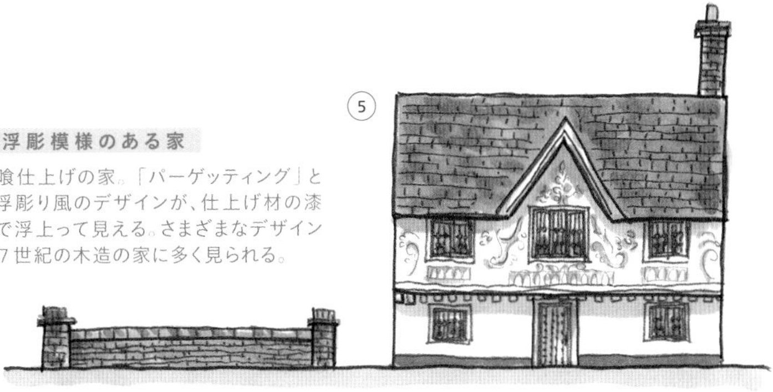

⑥

サフォックピンクの家

昔サフォック地方では、豚（牛）の血を混ぜた塗料で外壁を塗られていたといわれる地方独特の色。「サフォックピンク」と呼ばれ、パステルピンクのような色をしている。この地域ではピンクの家が多い。

イングランド南西部

西の最南端コーンウォール地方は、イングランド南部とはまた違った雰囲気をもつ、ゴツゴツとした石の家の地域です。内陸では土壁の丸みをもった可愛いらしい家が見られます。

⑦

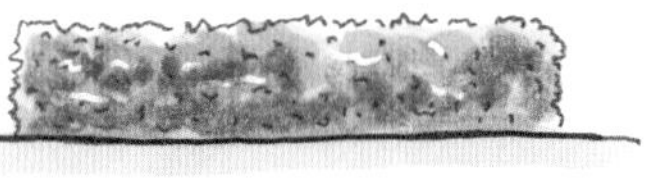

土壁の家（コブハウス）

粘土、藁、水、小石、砂を混ぜたものを何層にも重ねて仕上げた家。コーナーが丸く仕上げられているのはこの手法ならではの特徴。ぽってりとしたかわいらしさがあり、茅葺屋根とよく合う。

⑧

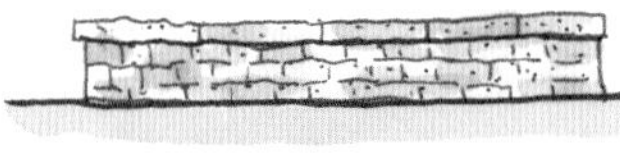

御影石の家

コンウォール地方南部で見られ、大ぶりの御影石が贅沢に使われているのが特徴。この地方で採れる御影石はロンドンの内装でも使われる。

⑨

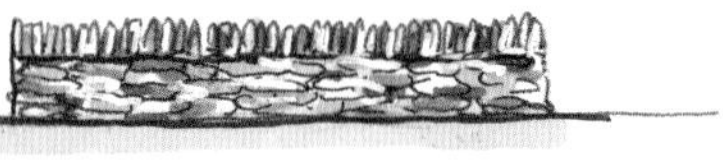

コーニッシュストーン

コンウォール地方北部で見られ、グレーと錆色が混ざり合ったような風合い。

コッツウォルズ地方

石灰岩の地層が走る地域です。東京都と同じくらいの広さで約100の村や町があります。イギリスの田園風景を代表する観光地としても人気の地域で、家との融合度は随一です。

⑩

コッツウォルズ南部の石灰岩

バイブリーやカッスルクルームなど、ウィリアム・モリスが最も美しいと言った村がある地域の家。灰色がかったクリーム色をした石灰岩で、壁も屋根も同じ素材。

⑪

コッツウォルズ北部の石灰岩

チッピングカムデンやブロードウェイなど、同じコッツウォルズでも北部に行くと黄みが強くなる。「ハニーストーン」という名前のとおり蜂蜜色をした石灰岩。茅葺屋根も多く見られる。

⑫

ブルーリアスの家

石灰岩と泥板岩で構成された石灰岩の一種。青灰色で、青白い。ストラトフォード・アポン・エイボン周辺で見られる。

イングランド中西部

木材が豊富だったエリアで、木造の家が多く見られます。イギリスで一番長い川であるセヴァーン川に沿って広がっています。変化に富む自然とともに、装飾的な家が多く見られる地域です。

⑬

木装飾の美しい家

木格子の間に装飾性のある木細工がはめ込まれた、デザイン性豊かな木軸の家が多く見られる。ハーフティンバーはイングランド東部でも見られるが、西部は木の組み方が正方形で装飾豊かであるのに対し、東部は縦長でシンプル。

ハーフティンバーの家

木の構造材が外壁に露しとなっており、間を埋める漆喰のホワイト色とのコントラストから「ブラック&ホワイト」とも呼ばれる。間をレンガで埋める家も見られる。

⑭

⑮

モーバンストーンの家

ウースターシャーにあるモーバンヒルの麓でしか見ることができない。その丘で採れた石を使った家。紫がかった不揃いの石で、重厚感がある。

イングランド北部

産業革命時に発達した、マンチェスターやリーズなどがある北部です。その周辺には美しい田園風景が広がります。北イングランド西に位置する湖水地方には美しい景色が広がり、療養地としても有名です。

16

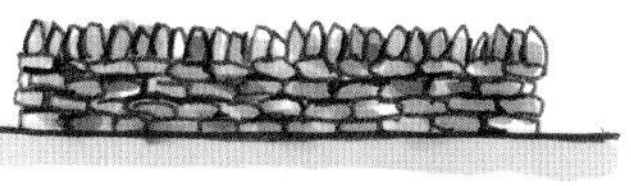

ヨークシャーストーンの家

黄土色のサンドストーンが、壁、屋根ともに使われている。産業で発達した町が多く、石壁の表面が煤けて黒くなっているため、町全体が暗く映る。色の濃淡に歴史を感じる。

17

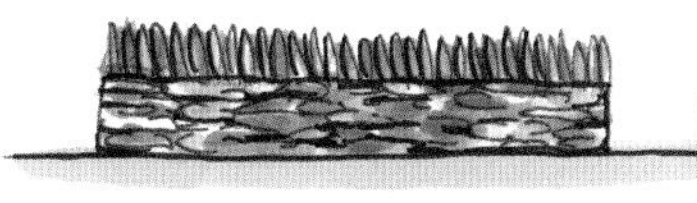

カンブリアストーンの家

湖水地方で採れるスレート（粘板岩）が、壁と屋根に使われている。スレートは、エメラルドからグレーまでの色幅をもつ。湖と緑とエメラルド色の家が美しく、家も湖水地方の景観に貢献している。

18

ケンダル城の石の家

湖水地方の入口にあるケンダルでは、昔取り壊されたケンダル城で使われていた石を再利用したといわれている街並みが広がっている。

ウェールズ

ウェールズは山岳地帯で、岩山の景色が見られます。そんな地元の石でつくられた家は重々しく、どこか暗い色合いの家が並びます。炭鉱を主としていたため、炭鉱職人の小さな家が多いです。

⑲

9色の粘板岩の家

粘板岩（スレート）の産地であるウェールズ北部。スレートは9色と色幅が大きく、石のグラデーションが町を彩る。屋根には紫のスレートが使われている。

⑳

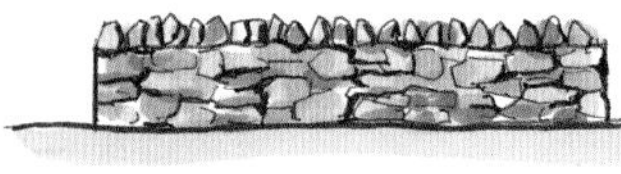

スノードニアの家

イングランド・ウェールズで最高峰の山があるスノードニア地域で採れる石を用いた家。大振りの不揃いの石は、その山陰を背景にしても見劣らない存在感。

㉑

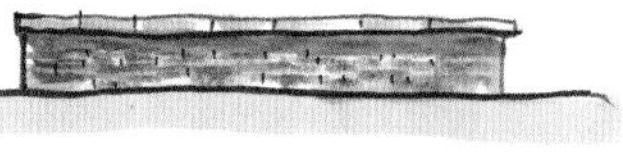

グレーサンドストーンの家

ウェールズ南部は炭鉱工員が多く住んでいた地域で、小さなテラスハウスが並ぶ。繊細なグレー色のサンドストーンか、石を粉砕したものを外壁に塗装した「ペーブルストーン」の家が見られる。

スコットランド

スコットランドは、エディンバラを含む南東部の低地帯ローランド地方と北西部の山脈地帯のハイランド地方に分けることができます。壮大な景色を背景に、その地の石の家が佇んでいます。

㉒

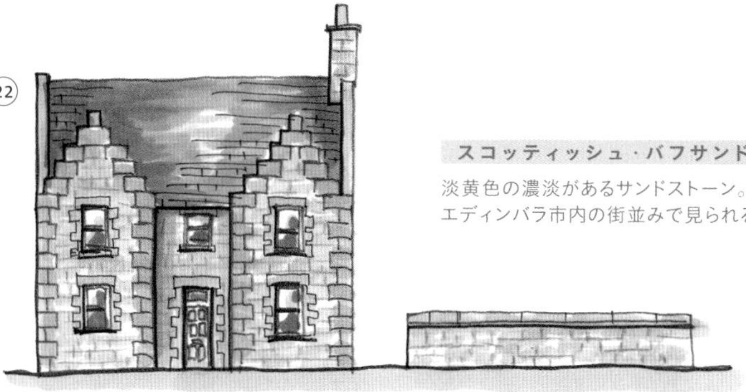

スコッティッシュ・バフサンドストーン

淡黄色の濃淡があるサンドストーン。南部で採れ、エディンバラ市内の街並みで見られる。

㉓

レッドサンドストーンの家

赤みの強いサンドストーンはグラスゴーやスターリング辺りで見られ、オールドレッドサンドストーンと呼ばれる。

㉔

ハイランド地方の家

ハイランドは高地の山脈が連なり、変成岩からなる。灰色の荒くゴツゴツした石は、鮮やかな緑の丘に映える。

地域ごとに変わるイギリスの家

イギリス各地では、さまざまな家を見ることができます。車窓から見ているだけでもその移り変わりは顕著で目が離せません。森林のある地域では木造住宅が発達し、石の採れる地域ではその地で採掘できる石で家が建てられました。昔に地場の素材で建てられた家が今も残り、その後も地域の風土に合った家が建てられてきたため、家の新旧を問わず、その地域性は今も守られています。イギリス各地を訪れると、街並みごとに統一された美しさと、地域ごとの特徴の面白さに感動します。

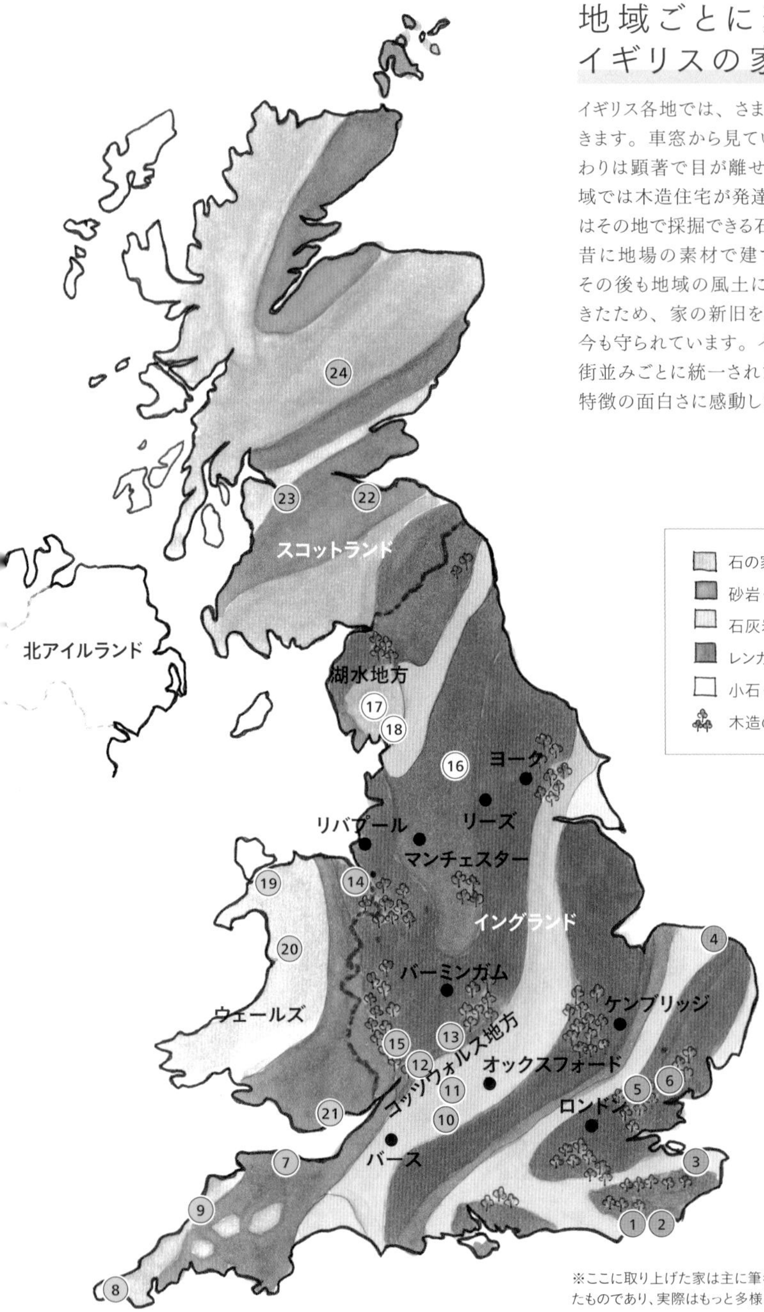

※ここに取り上げた家は主に筆者が訪れた地域の中から抜粋したものであり、実際はもっと多様に分類することができます

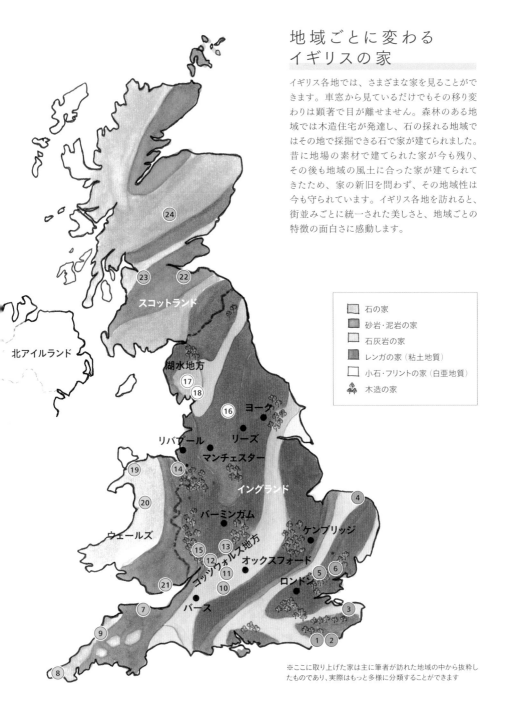

1 ライ
P14 Rye

2 ライ
P14 Rye

3 カンタベリー
P14 Canterbury

4 シェリンガム
P15 Sheringham

5 サフロン・ワルデン
P15 Saffron Walden

6 キャヴンディッシュ
P15 Cavendish

7 セルワーシー
P16 Selworthy

8 ペンザンス
P16 Penzance

9 トレガリアン
P16 Tregurrian

10 バイブリー
P17 Bibury

11 チッピング・カムデン
P17 Chipping・Campden

12 ビッドフォード・オン・エイヴォン
P17 Bidford-on-Avon

13 ストラトフォード・アポン・エイヴォン
P18 Stratford-upon-Avon

14 チェスター
P18 Chester

15 グレート・モーバン
P18 Great Malvern

16 スキップトン
P19 Skipton

17 ウィンダミア
P19 Windermere

18 ケンダル
P19 Kendal

19 ランベリス
P20 Llanberis

20 ドラゲラウ
P20 Dolgellau

21 カーディフ
P20 Cardiff

22 エディンバラ
P21 Edinburgh

23 グラスゴー
P21 Glasgow

24 ピトロクリー
P21 Pitlochry

episode

02

イギリスの家ってどんな家があるの？

時代ごとに見る家の特徴

約５００年前に建てられた家から新築の家まで、イギリスにはさまざまな時代の家が混在しています。家を壊す概念のないイギリス人にとって、歴史を積み重ねた家は誇りなのです。時代が移り変わろうと、家は住む人を変え、増改築されながら受け継がれていきます。一般住宅として現在でも使われている最も古い様式は、チューダー様式です。どの様式の住宅にも、生き残った家には美しさがあり、それぞれの様式にファンがいます。「家は新しいほどよい」という日本人の価値観とは大きく異なります。

実際に「どの時代の家が好きですか？」という問いに対して「新築」と答えた人はいませんでした。ジョージアン様式からエドワーディアン様式が人気です。戦後間もないころに量産されたプレハブ住宅などの安価な家は淘汰され、ほとんど見かけません。１９４０年代の家より１６００年代の家の方が残っているところに、新旧では測れない価値観を感じます。受け継がれる家は、造りや素材の耐久性にもよりますが、「良いもの」は、どの時代にも評価され求められて残るのです。

ここからは、現在もイギリス人に愛されて住み継がれている時代の家の特徴を紹介します。イギリスに行かれた際に知っていると面白いかもしれません。

1485〜1660
チューダー＆ジャコビアン様式
Tudor and Jacobean Styles

ヘンリー八世による宗教改革で、多くの修道院が破壊されたチューダー朝から、長らく女王として君臨したエリザベス1世が統治していた時代の様式。都心の人口が増加し、ハーフティンバーの木造の家が多く建てられた時代です。

屋根
木の梁の長さの関係で急勾配となっている屋根

煙突
高さがあり、太く豪華なものが見られた。部屋の中央にあった煙突は、壁側に移る

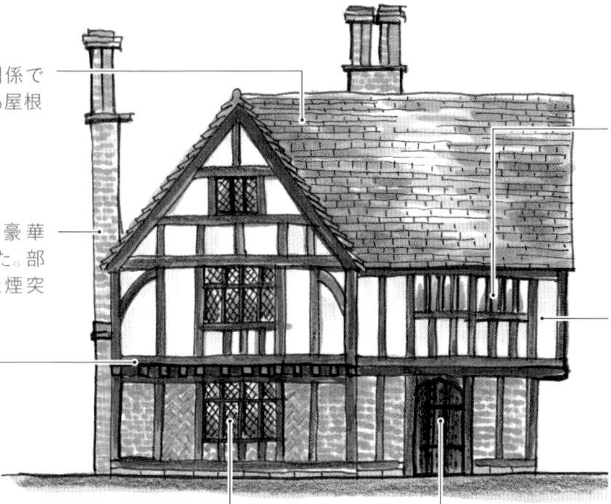

格子
ガラスは貴重であるため、格子だけの開口部の窓。雨のときは内側から雨戸を閉める

壁
外壁の木軸の間は、小枝の編み込みを下地に漆喰仕上げ。16〜17世紀には、レンガも民家で使われ始めた。木組みはスパンが狭い方が高級とされる

オーバーハング（ジェティ）
2階が1階より外に張り出している。2フィート（60㎝）とされた

ガラス窓
大きなガラスがつくれない時代、鉛で菱形に区切り、小片のガラスをはめ込んでいる。開き戸

玄関扉
木板に釘が打ってある。鋳物丁番

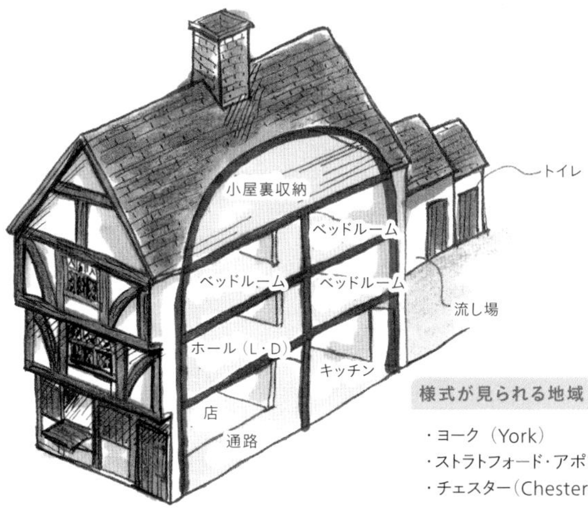

都市住宅の間取り

特徴
・間口が狭く奥に長い長屋式住宅。敷地の有効活用などの理由から、上階は1階より張り出した造りとなっている。手狭になると、奥へと増築されていく

様式が見られる地域
・ヨーク（York）
・ストラトフォード・アポン・エイヴォン（Stratford-upon-Avon）
・チェスター（Chester）など

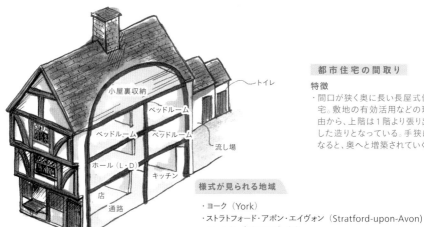

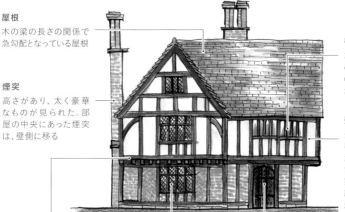

1714〜1790

ジョージアン様式

Georgian Styles

ジョージ王朝。ジョージ1世から3世が在位した期間の様式です。18世紀は上流階級の貴族が、イタリアやフランスなどのヨーロッパを巡って学ぶグランドツアーが流行し、建築デザインに大きな影響を及ぼしました。連続で建てる住宅形式である「テラスドハウス」が多く建てられたのもこの時期です。

ドーマー

屋根裏に光と風を取り入れる突き出し窓

三角型の切妻壁と円柱

ローマ建築を取り入れている。玄関廻りなどの装飾として使われる。大規模の建物では、2階部分などの装飾にも使われる

地下

地下階は使用人の家事場。地下の明り取りは空堀で確保し、その周りをアイアンの柵で囲っている。主人とは入口が別になっている

屋根

屋根の形式は、寄棟や壁延長線上に壁を立ち上げ（パラペット）屋根を見せないスタイル、2重勾配（マンサード）などがある

窓（サッシウィンドウ）

上げ下げ窓。建物に対してシンメトリーに並ぶ

ファンライト

扉の上にある扇型の明かり窓。四角い形もある

玄関扉

6パネルと呼ばれる、6つのパネルがはめ込まれた扉

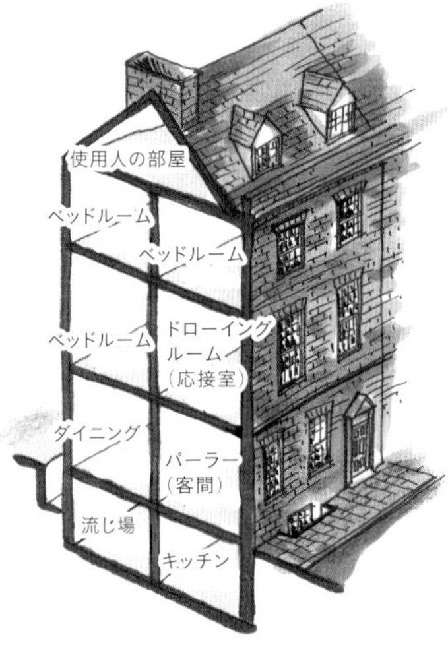

都市住宅テラスハウスの間取り

特徴

・使用人を雇っている階級の住宅では、地下を有し、使用人の働き場所となる

・間取りの取り方は、各階の建物正面側に一部屋、裏面側に一部屋配置することが基本。部屋の大きさや階層の多さが、テラスハウスの階級によって異なる

様式が見られる地域

・バース（Bath）

・ロンドン（London）など

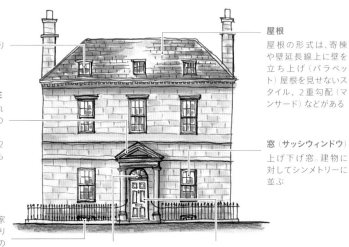

1790〜1837

リージェンシー様式

Regency House Styles

病気で政治ができないジョージ3世に変わって、ジョージ4世が摂政皇太子として統治を行っていた時代の様式です。富裕層階級を中心に人気を得たこともあり、リゾート地で数多く見かけます。

屋根

屋根の形式は、寄棟や壁延長線上に壁を立ち上げ（パラペット）屋根を見せないスタイル、2重勾配（マンサード）などがある

半地下

地下は使用人の家事場。主人が使う1階の玄関には、階段を数段上がって入る。半地下の廻りは空堀され、美しいアイアン柵で囲われて家の装飾の一部となっている

窓（サッシウィンドウ）

上げ下げ窓。大きな建物になるとテラスドアが2階に設けられ、美しいアイアン装飾で囲われたバルコニーを有する

花台

アイアンデザインの美しい花台が窓廻りを飾る

壁

スタッコ仕上げの白く美しい外観。1階部分には横ラインの彫り筋が通っている

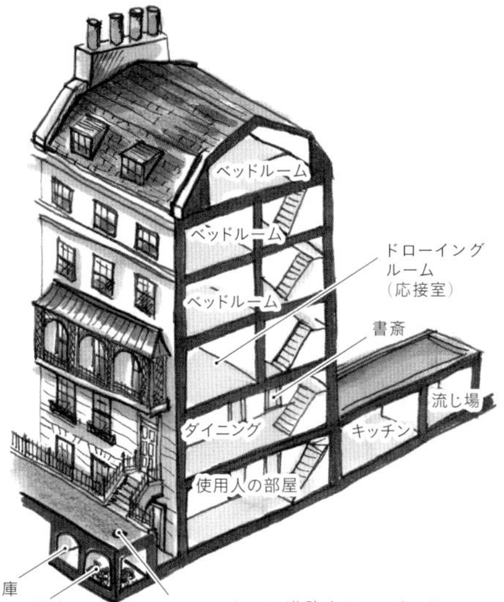

※コールホール：道路上のマンホールから石炭を入れられるようになっている

都市住宅テラスハウスの間取り

特徴

- 小屋裏部屋に高さをもたせ、普通の部屋として使うようになる
- 匂いが上階に上がることを考慮して、キッチンを地下から主屋外れの位置に移動。使用人の部屋が地下に移った

様式が見られる地域

- チェルトナム（Cheltenham）
- ブライトン（Brighton）など

1837～1901

ビクトリアン様式

Victorian House Styles

大英帝国といわれ繁栄を極めた、ビクトリア女王による統治時代の様式です。産業革命により、階級によって住宅事情に変化があった時代。中産階級が増え、鉄道の出現により郊外にも住宅が発達しました。リバイバル様式として過去の様式が復活し、特に13世紀～14世紀の教会建築であるゴシック様式が、ゴシックリバイバルとして流行。同時に、労働者階級には劣悪な住宅事情が生じました。

棟タイル

装飾性豊かなテラコッタタイルを使用

飾り破風板

曲線豊かで彫り込まれた破風板が、屋根のラインを美しく彩る

窓（サッシウィンドウ）

上げ下げ窓。連窓や3連窓がある。先が尖ったポインテッドアーチ型が見られる。窓廻りの装飾性が豊か

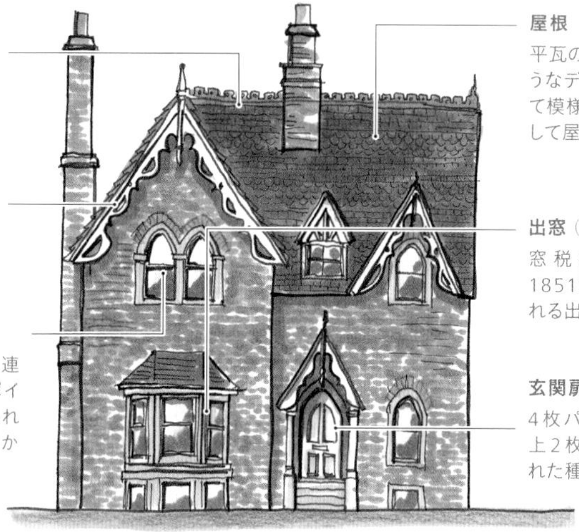

屋根

平瓦の屋根材に魚の鱗のようなデザインの瓦を使用して模様をつくり、勾配も急にして屋根の美しさを見せる

出窓（ベイウィンドウ）

窓税撤廃後（1696～1851）、多くの光を採り入れる出窓が普及

玄関扉

4枚パネルドア。後期には上2枚にガラスがはめ込まれた種類も現れる

※立面はビクトリアン中期

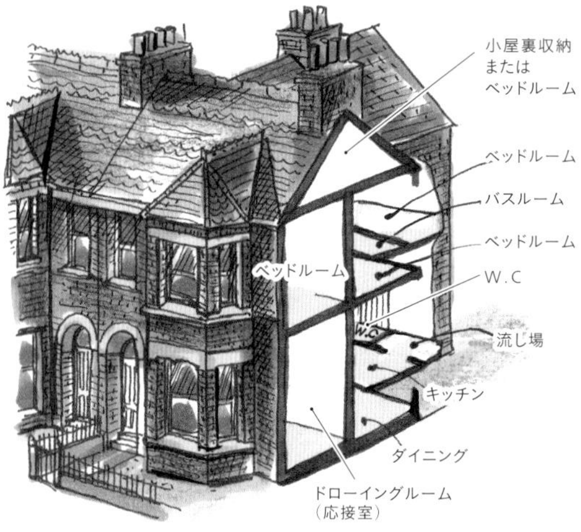

ビクトリアン時代後期テラスハウスの間取り

特徴

- 衛生問題が考慮され、地下がなくなった
- 1階に応接室、ダイニング、キッチンを配置。2階以上をプライベートルームとするようになった
- 1860年以降、設備が進展。中産階級以上の新築にはバスルームが登場するが、普及には1880年までかかっている
- 水洗便所も生まれた。主屋の裏に増築されたが、裏庭にある家もまだ多い

様式が見られる地域

- ロンドン（London）他各主要都市
- 中小規模の都市

1901～1918
エドワーディアン様式
Edwardian House Styles

エドワード7世が統治する時代の様式です。ビクトリアン時代の複雑で多様なリバイバル様式から、アーツ＆クラフツ運動の影響を受け、よりシンプルなデザインになります［P30］。そして、住宅は郊外にますます広がっていきます。

屋根
装飾的な要素はなくなる

モックチューダー
ハーフティンバー式の木装飾

出窓（ベイウィンドウ）
2階まで伸びた出窓

ダブルハング窓
上と下のどちらも動かせる窓。上が6枚ガラスで、下が1枚ガラスや2枚ガラスなど、上下でデザインを変えている

ポーチ装飾
木細工で装飾され、玄関廻りを賑やかにしている

扉
装飾的でパネリングが複雑な扉が見られる。ステンドグラスがはめ込まれたものもある

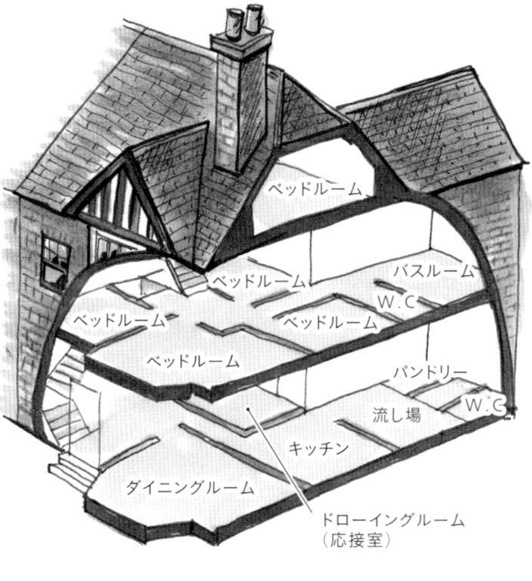

都市郊外セミデタッチドハウスの間取り

特徴
- メインの建物のなかにキッチンが配置されるようになる
- ガスが普及し、浴室でシャワーが使えるようになる。排水設備の発展で、トイレが2階に配置可能となる

様式が見られる地域

- イギリス中の都市郊外住宅地

1880〜1910

アーツ＆クラフツ

Arts & Crafts House Styles

機械化、規格化、標準化、量産化による品質の低下など、産業革命に対する反発から、人間的手仕事、伝統的な技を用いた様式で、地場の建材の推奨「アーツ＆クラフツ運動」が生まれました。この運動はウィリアム・モリス(1834-1896)が主導で、多くの建築家に影響を与えます。ビクトリア時代終盤からエドワード時代に渡り、のちの自然モチーフの曲線的デザイン、「アールヌーボー」の先駆けとなります。

色
緑色が人気色
開き窓（ケースメント）
縦長で方立のある連窓。水平に、直線的に並べる
プレート
テラコッタタイルのひまわりが人気
扉
パネル割りをしないシンプルな厚板を使った扉
屋根
下階まで伸びた長く低い屋根
ステンドグラス
壁
セメントに砂利を混ぜた凹凸のある壁

様式が見られる地域

・レッチワース［p43］

column

過去のデザイン様式の復活（ドメスティックリバイバル）

イギリス固有の建築様式が再評価されます。「イギリス人の手による本当に美しいと思える手作りの創造」はアーツ＆クラフツの思想となります。

チューダー様式リバイバル

ティンバーフレームのデザインを復刻させたミックススタイル。煙突も、当時の高く細かなレンガワークが採用されている。

ポートサンライト［p42］

クイーンアン様式リバイバル

アン女王統治時代（1702〜1714）の様式を語源とする。曲線のある細やかなレンガ細工、オランダ式破風、出窓、テラコッタパネル、白塗装フレームが特徴。

ロンドン（ベッドフォードパーク［p43］など）

1919〜1939
戦間期の様式（1920年様式・1930年様式）
Inter war House Styles

第一次世界大戦が終わり、家の需要が増えました。スラム化により家を持てない人のために、カウンセルハウス（市営住宅）が建てられた時期でもあります。戦時中に兵士達の健康状態が悪かったことから、戦後政府によって住居の見直しがされ、多くの家が建設されました。

屋根
寄棟の屋根が主流

窓
上下に分かれ、上部にはステンドグラスがはめ込まれている

出窓（**ベイウィンドウ**）
2階まで伸びた円柱型の出窓

ポーチ
壁面より凹ませたポーチ

扉
ステンドグラスが上部にはめ込まれた扉。扉廻りもガラス窓。装飾豊かな扉デザインが普及する

都市郊外セミデタッチドハウスの間取り

特徴
・1階がパブリックスペースで2階がプライベートスペース。現代のように、バスルームが2階にある。間取り配置の基礎は、この時代から現在に至る

様式が見られる地域
・イギリス中の都市郊外住宅地

column

家の形式の呼び名

日本における住宅の形式は、
大きくは「一軒家」と「マンション・アパート」に分かれます。
イギリスではどのような形式があるのか紹介します。

昔のように使用人を雇うこともなく、核家族化した現代のイギリス社会では、テラスハウスやデタッチドハウスは大きすぎてニーズに合いません。また物件が高騰して手が出せません。そのため、都心の多くのテラスハウスやデタッチドハウスは分割して物件を扱っており、各フロアごとにマンションのように売っていたり貸していたりします。そんな物件は1階建ての家と同じく1フロアの家なので「フラット」と呼びます。イギリスではマンションと呼ばず、アパートメントまたはフラットと呼んでいます。

テラスハウス

縦割りした集合住宅。日本でいう長屋式。建物全体のことは「テラスドハウス」と呼ぶ

デタッチドハウス

一軒家

フラット

各階ごと分割された集合住宅のこと。最近はアパートメントともいう

バンガロー

平屋の一軒家。別名フラット。高齢者住宅のイメージがある

セミデタッチドハウス

2件が隣り合わせにくっついて一軒になっている。シンメトリーなデザインが基本

column

イギリスの塀「ドライ・ストン・ウォーリング《Dry Stone Walling》」

イギリスの伝統的な石積み塀です。石が採れる地域では、
家の塀や敷地を区切るために、広大な地に張り巡らされた
ドライ・ストン・ウォーリングを見ることができます。

下から上にいくにつれ、徐々に大きな石から小さな石になるように積んでいく。トップは縦に本を立てるように置いていく。上に登って乗り越えるのを防ぐ意味合いをもつ。羊も乗り越える気が失せるとか？

羊たちを飼う牧場を仕切るのも「ドライ・ストン・ウォーリング」

家とともに注目したいのが「塀」です。塀とは、自分の敷地と外部の境目を示す仕切りであり、景観には欠かせない存在です。イギリスの街並みが美しいのは、この「塀」も家と同じ素材で統一されていることにあります。そして、その素材は地場で採れるものがほとんどであるため、道端に転がっている石とも同色で共鳴し合うのです。イギリス各地で石積みの塀が見られますが、それを「ドライ・ストン・ウォーリング」と呼びます。日本ではお城のお堀などで使われている「空積み」という手法に当たります。セメントなどで固めることなく、積み方でしっかりと固定していきます。イギリスには石積み職人が多く存在し、各地の石積みを日々修復しているのです。積まれた石にはコケが生え、石の隙間からは小花が生えて、虫たちも集まります。こうして廻りの自然と一体化し、なじんでいくのです。

episode

03

テラスハウスについて

テラスハウスにもランクがある

テラスハウスは、1631年にイニゴー・ジョーンズ（1573〜1652）によってロンドンに建設されたのが最初とされます。ロンドン大火災（1666）で防火帯として有効に機能したことが評価され、推奨されていきました。18世紀に入り、産業革命により都市化が進み、1744年ころは総人口の25％だった都市の人口が、20世紀代初頭には80％にまで膨れ上がりました。長屋形式は面積の取れない都市部で有効とされ、多く建てられました。1774年に改定された建築法により、テラスハウスは4段階に格付けされています。

階級社会のイギリスにおいて、テラスハウスのランクは職業で分けられていたそうです。格付け1位のテラスにはアッパークラスといわれる貴族が住み、彼らはカントリーハウスに拠点を置くため留守がちだったとか。格付け2位のテラスには商人や法律家、高級官僚などが住んでいました。格付け3位のテラスには事務職クラスが、4位には労働者階級が住んでいました。

アパートメントのような家を積み上げた住宅形式よりも、間口がどれだけ小さくてもテラスハウスのような地に着いた家を好むのは、イギリス人特有とされます。現在でもアパートメントより地に着いた家の形態を好む人がほとんどです。

格付け
1位・2位

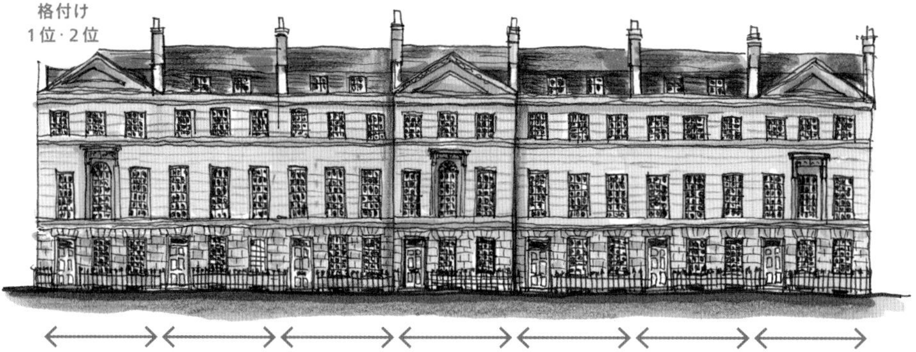

格付けの高いランクのテラスハウスは中央、両端部を特殊デザインとし、一つの大きな宮殿に見えるデザインが好まれた。2位の大規模テラスは間口7.2m、奥行11.6m、高さ13.7m。地下と屋根裏部屋を擁し、2階の窓が最も大きい。各階に3つの窓がある。格付け1位の超大規模テラスは、2位以上の寸法を有するものを指す。

格付け
3位

中規模クラスのテラスハウスは、各階に2つの窓を要し、地下と小屋裏部屋をもつ。間口は4.9～6.1m、奥行が6～8.3m、高さは9.3m程度。

格付け
4位

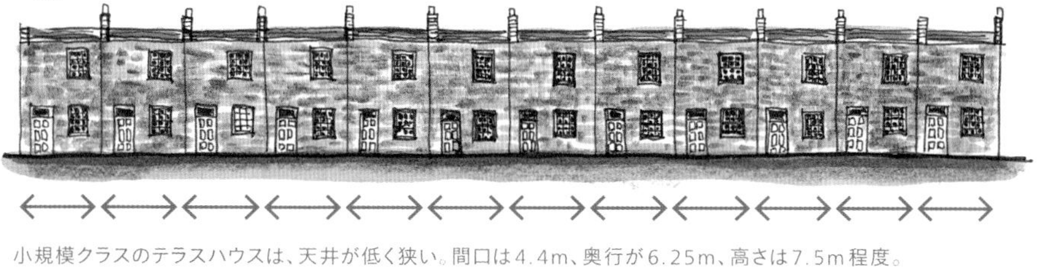

小規模クラスのテラスハウスは、天井が低く狭い。間口は4.4m、奥行が6.25m、高さは7.5m程度。

episode

03

テラスハウスについて

ロンドンのテラスハウスと緑の取り入れ方

ロンドン市内を歩くと、アイアンの柵で囲われた大きなガーデンがあり、それを囲むように高級テラスハウスが建っているのを見かけます。建物のメインとなる玄関は、ガーデンに向けて設えられています。このような区画を「ガーデンスクエア」と呼びます。１８３０年にヘッドフォード伯爵の依頼で、建築家のイニゴー・ジョーンズがロンドンのコベントガーデンにつくったのが始まりとされています。

当時はイタリア風の広場として計画されたそうです。ガーデンは柵で囲われ、ガーデンを囲うテラスハウスの住人だけが、ガーデンへの鍵を持つことができ、ステータスとされました。テラスハウスに住まう人たちの娯楽の場としてテニスコートを所有することもあります。このようなガーデンは、田園地帯にカントリーハウスを所有する貴族や富豪の間で流行しました。テラスハウスの背面に位置する庭は、都心では大きく確保しにくいこともあり、共有の大きな広場が、窓からの景色を大切にする貴族たちに受けたのです。

今ではテラスハウスのほとんどがアパートメント形式に変わったため、誰もが入れる開放された公園のようになっている場所を多く見かけます。しかし、利用できる人が限定されるガーデンも、今でも残っているのです。

大規模な建物にはその後方にミューズハウス（馬小屋）を設け、ミューズ沿いには裏通路が設けられている。現在はミューズハウスも住宅として改装され高級物件となっている
（事例：p146〜149）

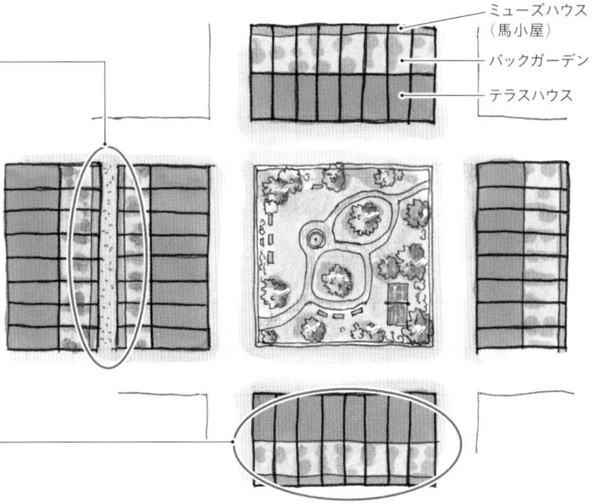

テラスハウスのワンブロック

テラスハウスの配置は建物を道路沿いに建て、後ろにバックガーデンもしくはバックヤードを設ける

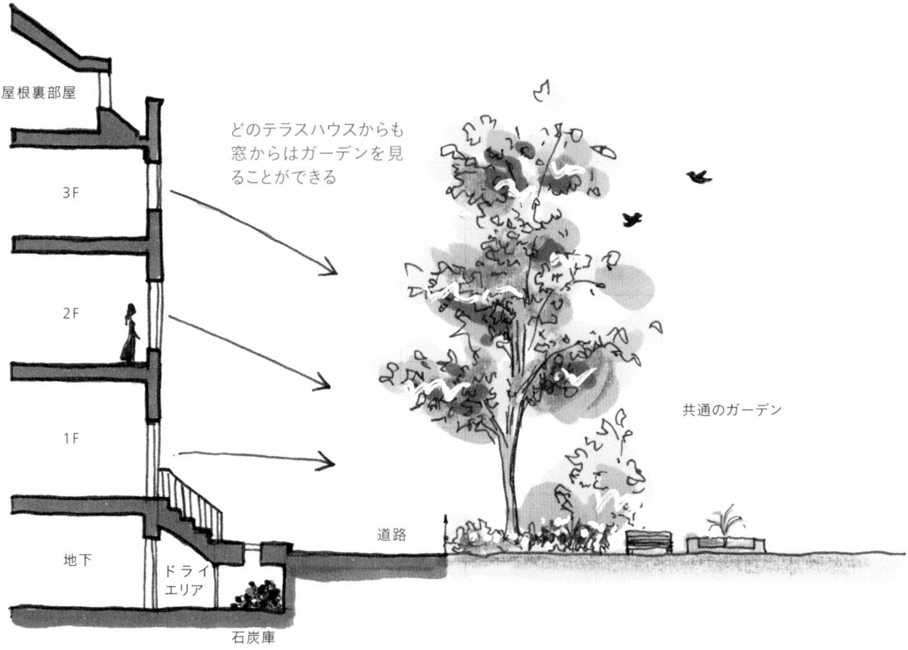

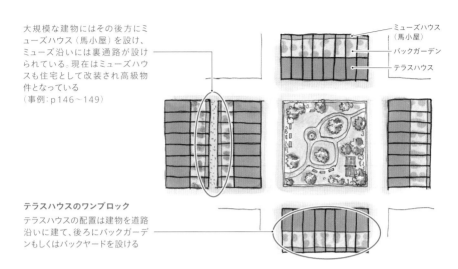

episode

03

テラスハウスについて

背中合わせのテラスドハウス「バック・トゥ・バックス」

「バック・トゥ・バックス」とは、19世紀に労働者階級の人々が住んだ家の形式のことです。道沿いから見たら小規模テラスハウスに見えますが、その裏には壁一枚の背中合わせで、鏡合わせのように家が建っています。各フロア1部屋で、1階にLDK、2階、3階にベッドルームを設けています。一定区画ごとにグループ分けされて共有のバックヤード（共用広場）を設け（コートヤードと呼ぶ）、そこでトイレや洗い場を共有していました。産業革命で発展した工業地帯の北イングランドで見られ、バーミンガム、マンチェスター、リーズ、リバプールなどで労働者向けに建てられました。

バーミンガムでは、1841年から1851年にかけて人口が22%増えたため、住宅の供給が急務とされ、このかたちの住宅が量産されました。1918年までに約4万3千戸のバック・トゥ・バックスが存在し、およそ20万人の人々が暮らしていたといわれています。しかし、背中合わせの連結住宅では、採光は1つの壁面からとなり、通風も悪いため、19世紀の最も不衛生な住居といわれ、現在ではこの形状の住宅は禁止されています。

現在「バック・トゥ・バックス」を住み継ぐ人はいませんが、内装から小物まで細かく当時の暮らしを、実際の建物で再現したミュージアムで見ることができます。

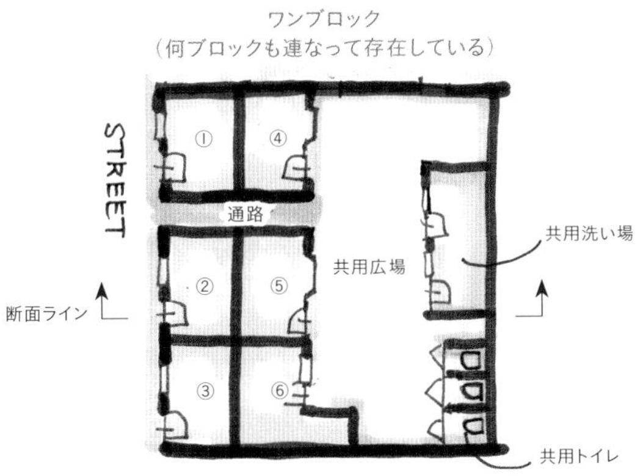

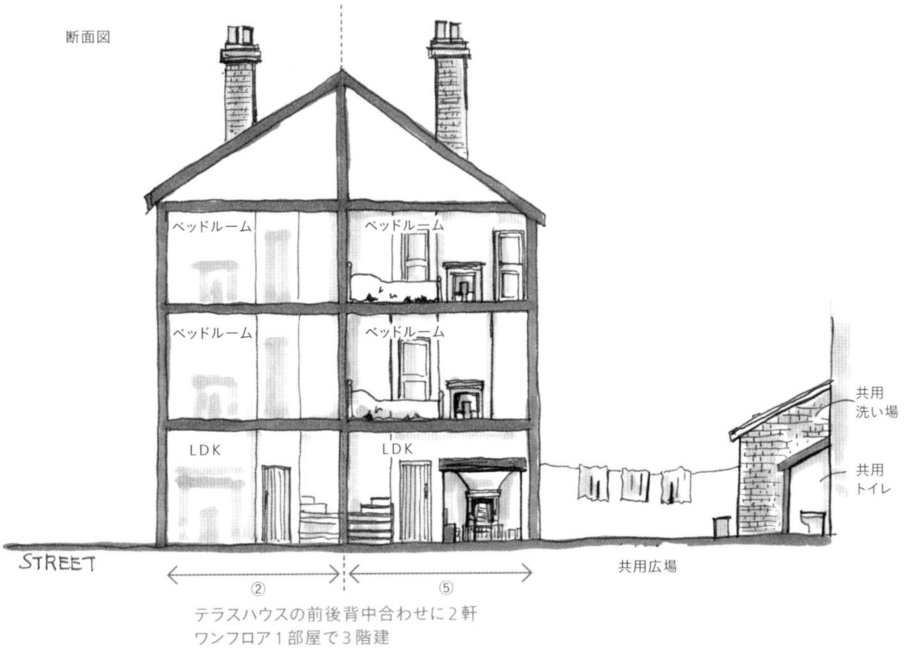

テラスハウスの前後背中合わせに2軒
ワンフロア1部屋で3階建

バーミンガム　バック・トゥ・バックス

（Birmingham Back to Backs）

所在地：50-54 Inge Street and 55-63 Hurst Street, Birmingham

episode

03

テラスハウスについて

アパートメント形式「テネメントハウス」

「テネメントハウス」とは、各階に1戸または複数戸の住宅が含まれる3階以上の石造建築物のことをいいます。イングランドでは地下から上階まで縦割りで1戸とするテラスハウス方式が好まれましたが、スコットランドではアパートメント形式が取られていました。面白いのが、貧困層から富裕層までが同じテネメントハウスに住んでいたことです。

19世紀から20世紀初頭、スコットランドのグラスゴーでは大部分の人が住んでいたそうです。スコットランドの中心都市エディンバラを訪れると、同じ年代の同じような造りでも、ロンドンのテラスハウスに比べて背の高い建物が多いことに気づきます。

テネメントハウスは、住人が家主に家賃を払うという賃貸方式でした。家主には共同場所である共用玄関と階段を常にきれいに保つことが求められ、破ると罰金が課せられました。石炭が燃料だったその時代、石炭の配達人は各階の台所まで運んでいたそうです。労働者階級の住居は1LDKで、バックヤードに共同の洗濯場があり、トイレも共用でした。

現在もテネメントハウスは残っています。当時より部屋数が必要になった現代に合わせて、2戸を1戸につなげて部屋数を増やすなどの改装を重ね、住み継がれているようです。

各階2戸、合計8戸のフラットをもつこの
テネメントハウスは、公開されている家の
ほかは、現在も一般の方が暮らしています

実際に住んでいた女性の家がそのまま残されています。
・期間：1911年～1965年
・住人：女性の一人暮らし
・職業：船会社のタイピスト

ベッド・リセス
高めのベッドで、下が保存庫になっている

ベッド・クローゼット
ベッドを含んだカップボード。1900年に違法になった。1900年以前の家に見られる。家族の多い家がベットとして使っていた当時の一般的な使われ方

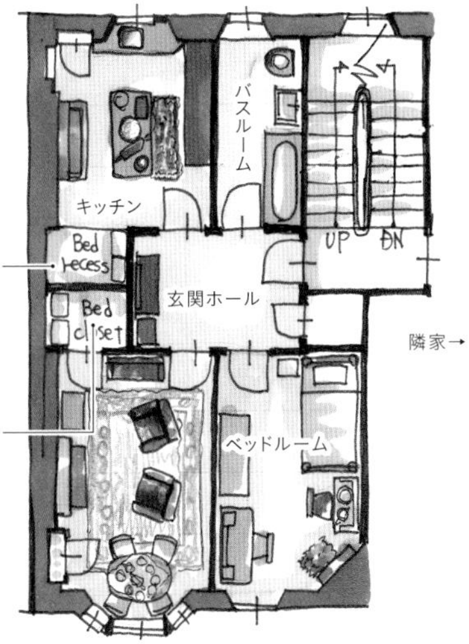

ザ・テネメントハウス（The Tenement House）
所在地：145 Buccleuch Sr, Glasgow

column

人のつくった街並み

産業革命によって生まれた「労働者階級」の住宅問題を解消するため、経営者が「モデルビレッジ」をつくりました。住居だけではなく、病院、教会、学校などが町に完備され、労働者が安心して働ける環境がつくられました。その後、発展形として生まれたのが「ガーデンシティ」(田園都市)です。都市ならではの人々の共同活動と、農村ならではの豊かな自然を計画的に両立させるという理念のもと、郊外につくられました。

労働者のための町づくり「モデルビレッジ」

ソルテア Saltaire (1853)

ウール工場の経営者であるタイタス・ソルトによって、好ましい住環境を労働者に提供して生産性を上げることを目的につくられたモデルビレッジ。リーズ近郊にあり、今は世界遺産に認定されています。

「労働者のために住環境の整った町をつくろう」
By　経営者：タイタス・ソルト

ポート・サンライト Port Sunlight (1888)

900戸、10種類以上の異なる様式が連なり、同じデザインの家がふたつとない街並みは、30人以上の建築家がデザインしたものです。一見大きな家に見えますが、テラスハウス形式に細かく縦割りされています。さまざまなデザインの家が見られるこの町は、建築好きにはたまりません。

「仕事を終えたあとにリラックスできる住環境は重要」By　経営者：ウィリアム・ヘルケル・リーヴァ

最初のベッドダウン

ベッドフォード・パーク　Bedford Park（1875）

都心から郊外への住宅開発に多くの影響を与えたベッドフォード・パーク。ジョナサン・カー（1845〜1915）から依頼を受けたリチャード・ノーマン・ショウ（1831〜1912）は、アーツアンドクラフツ運動のメンバーでもあり、「クイーンアン・リバイバル様式」の赤レンガの美しい住宅地を計画しました。風景画のように美しいという意味合いの「ピクチャレスク」に計画されたこの町は、ロンドン郊外の住宅地として中産階級に人気を博しました。今でも美しいデザインのセミデタッチドハウスが多く見られます。

「敷地内に元から生えている木はなるべく残して計画しよう」By　開発者：ジョナサン・カー

最初のガーデンシティ（田園都市）

レッチワース　Letchworth（1903）

経営者ではない非営利の田園都市会社として発足した最初のガーデンシティ。建物の敷地におけるゆとり、セットバックした家の配置などが採用されています。エベネザー・ハワード（1850〜1928）に設計を依頼されたレイモンド・アンウィン（1863〜1940）はウィリアム・モリスに影響を受けており、アーツアンドクラフツの特徴をもった建物が多く見られます。「材料が統一された屋根は、遠くからの展望に効果的である」とすべての屋根をレンガタイルに統一。屋根素材の統一が、町全体の美しさに不可欠であることを感じさせてくれます。

「都市はゼロからつくることができる。人々を田園地帯に戻そう」By　計画者：ベネッツア・ハワード

chapter

2

イギリスの家の魅せポイント

Front

episode 01　玄関廻り

column　室内２大フォーカルポイント

episode 02　窓廻り

episode 03　暖炉廻り

episode 04　照明の用い方

episode 05　キッチン

Back

episode

01

イギリスの家の魅せポイント

玄関廻り

イギリスでは中古物件がほとんどで、新築は基本的に建売です。「出来上がっている」物件を手にするイギリス人にとって、外観で個性を出せるのは玄関廻りです。玄関扉やポーチタイルなどのデザインや色がポイントです。特にテラスハウスは同じかたちの家が連続するため、扉の特徴はわが家の目印にもなります。ドアノブやドアノッカー、郵便受けの金物にも素敵なアンティーク品が使われていたりします。日本と異なり表札はなく、番地の番号が扉や扉廻りに表示されています。その金物や字体にも個性がでます。そして周囲を草花で美しく飾り、訪れる者を楽しませてくれます。玄関廻りは家主の最大の見せ場なのです。

※規制がかかっている家（p180）では扉の変更が禁止されている場合もあります。

column

室内2大フォーカルポイント

「昼のフォーカルポイントの窓」「夜のフォーカルポイントの暖炉」
&
「春夏のフォーカルポイントの窓」「冬のフォーカルポイントの暖炉」

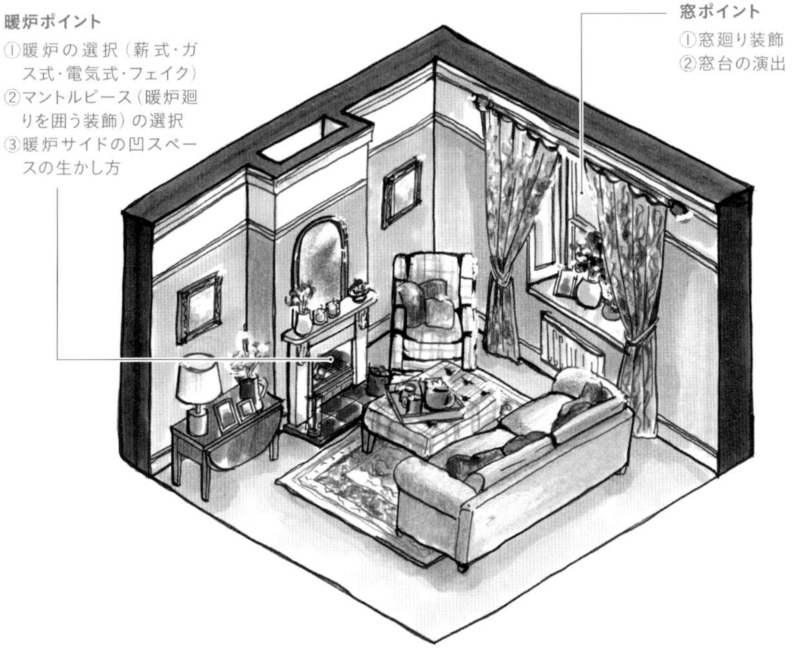
暖炉ポイント
①暖炉の選択（薪式・ガス式・電気式・フェイク）
②マントルピース（暖炉廻りを囲う装飾）の選択
③暖炉サイドの凹スペースの生かし方
窓ポイント
①窓廻り装飾
②窓台の演出

部屋には法則があります。部屋の大小にかかわらず1面に「暖炉」、別の1面に「窓」が設置されます。「窓」は庭か道路に面した壁に配置され、部屋の大きさによって大きさや数が変わります。道面に面した「窓」は外部から見える「窓」になり、ガーデン側に面した「窓」はガーデンの景色を室内に取込む「窓」となります。窓廻りは自然と目を向ける場所ですので、美しく装飾を施します。「暖炉」は昔から暖を取るための必須アイテムで、今でも長い冬は「暖炉」を囲んで過ごす時間が多くなります。そんな部屋の中心に置かれる「暖炉」も、必然と美しく装飾を施す場所となります。

episode

02

イギリスの家の魅せポイント

窓廻り

イギリス人は窓廻りの演出をとても大切に考えます。冬が長く雨が多いイギリスにおいて、窓は陽の光を部屋に入れ、外部の景色を取り込むためのとても大切なアイテムです。その窓をより強調すべく、カーテンで装飾し、窓台を演出します。出窓のある家も多く、家具を置いたり造付けのベンチスペースにしたりと、その空間を演出して楽しみます。

一般住宅ではレースカーテンをほとんど見かけません。外部から見える窓は、室内が見えてもよいように演出しています。また、イギリスには蚊がいないため網戸がなく、内外の風景を鮮明に映します。

日本と異なるのはドレープカーテンです。イギリスでは「カーテンを変えるということは部屋を変えること」といわれるほど、部屋の雰囲気を左右する重要なアイテムとして捉えられています。3層構造が基本で、表地（室内側）に美しい柄の布地を使います。裏地（外部側）は、表地の裏側を日差しから守るために付けます。その間に、インターラーニングと呼ばれるフェルトのようなものを挟み込むため、厚みのある仕上がりとなります。3層にすることで、屋外の冷気を遮断し保温する機能と、見た目の重厚感が高まります。手縫い職人が縫製したものは、ドレープの美しさが際立ちます。

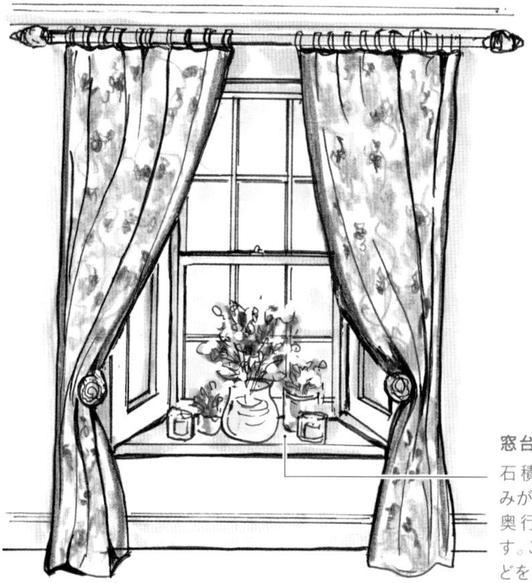

窓台

石積みの建物は、壁に厚みがあるため窓台が深く、奥行きのある物も置けます。ここには植物や陶器などを飾ります

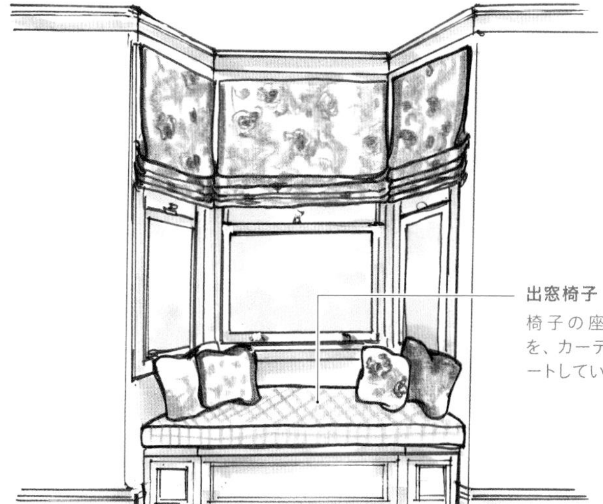

出窓椅子

椅子の座面やクッションを、カーテンとコーディネートしている美しい窓廻り

オリジナル鎧戸
②閉まっている状態

オリジナル鎧戸
①開いている状態

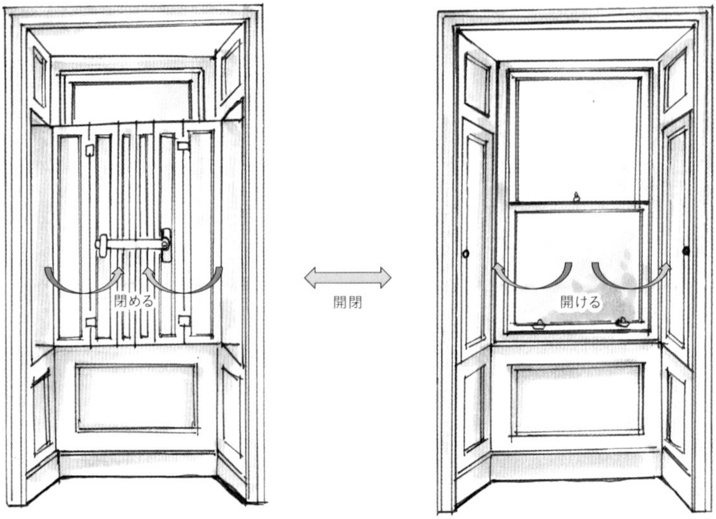

オリジナル鎧戸
平面断面図

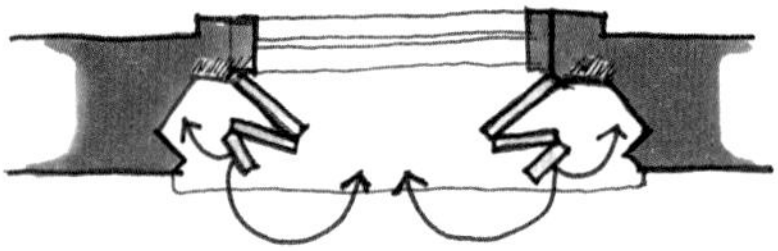

①・②開閉方式。3枚折の扉が壁に収納されており、引っ張ると出てくる

イギリスの鎧戸

イギリスの鎧戸は、室内側にあります。昔の家では壁の厚みを利用して、壁のなかに鎧戸を収納していました。日中は壁と一体化していてその存在は分かりません。そしてその手前にカーテンを吊りました。近年の建物は、昔ほど壁の厚みがないため、従来の鎧戸は取り付けられませんが、カーテンの代わりに窓枠に後付けをしている家はよく見かけます。鎧戸を閉めていても、框内のルーバー部分でブラインドのように明るさを調整できます。

後付け鎧戸

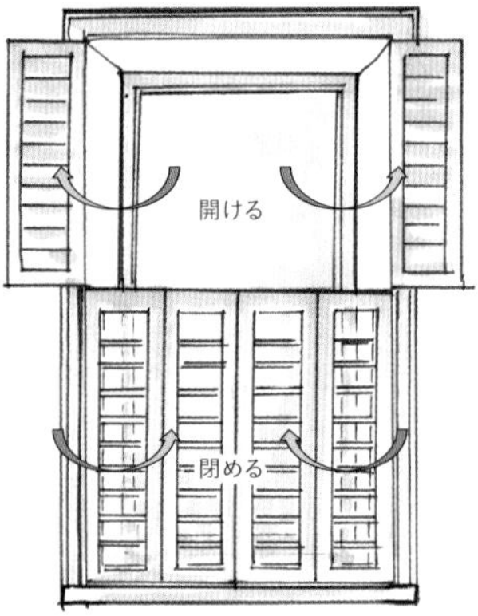

上下別れているので上だけ開けて使ったりもできる。(シャワー室などに有効)

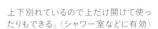

episode

03

イギリスの家の魅せポイント

暖炉廻り

暖炉は部屋のなかで最も視線が向く場所です。今でもほとんどの家に暖炉が存在し、リビングなどの暖房設備として機能させている家が多くあります。その大きさや暖炉のある部屋の数は、家が建てられた年代によって異なります。そして暖炉スペースの生かし方は、住み手によってさまざまです。

イギリスの暖房器具は、以前は暖炉でしたが、現在ではセントラルヒーティングが主流です。セントラルヒーティングとはボイラーでつくられた温水を各部屋に回し、パネルヒーターで部屋を温める方式です。暖炉で暖をとることが主流ではなくなった現在でも、主要な部屋の装飾として暖炉は欠かせません。暖炉本体は、薪ストーブ、ガス式暖炉、電気式暖炉を用います。昔は直接石炭や薪を燃やしていましたが、健康衛生上、現在は密閉式の薪ストーブを暖炉スペース内に設置しています。見た目を重視してアンティーク品を置く家もあります。そして、暖炉開口部を囲うように装飾するマントルピースを選びます。家の様式に合わせたり、好きな時代のデザインを取り入れるなど人それぞれです。

マントルピースの上面には鏡や絵画を飾り、台上には小物や写真など好きなものを飾って楽しみます。暖炉スペース廻りをどう演出するかによっても、部屋の印象は変わります。

暖炉周辺の演出パターン

①暖炉スペース+置き家具

暖炉の左右の凹形状のスペースに、お気に入りの置き家具を配し、
暖炉と合わせてコーディネートする。オールドスタイル

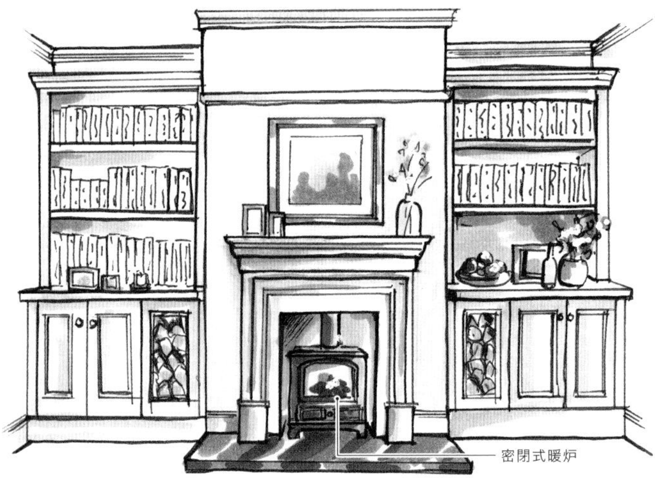

②暖炉スペース+造作家具

暖炉の左右の凹形状のスペースに、造り付けの家具を後付けして暖炉
面を一体的にコーディネートする。有効にスペースを使える。トレンド

③暖炉内スペース

チューダー朝の家に残る暖炉は間口がとても大きいため、密閉型薪式暖炉を中心に配置し、廻りのスペースをアンティーク品で飾っている

④暖炉を使わない

暖炉を機能的には必要とせず、暖炉口だけを利用して置台とする

episode

04

イギリスの家の魅せポイント

照明の用い方

イギリスにおける家の照明の明るさは、日本と比べると全体的に暗く感じますが、どこか落ち着く印象を受けます。部屋全体の明るさはそこそこに、作業する場所には別途、置き型照明を配し、必要なときに点灯すればよいという考えです。本を読むにも読む人の手元だけが明るければ十分で、全体を明るくする必要はないということです。

照明器具は、夜は明かりという機能を求められますが、日中はインテリアの一部としての美しさが問われます。機能的に照らすだけの照明器具は好まれません。ＬＥＤのダウンライト（天井埋込み照明）も日本と同じように普及していますが、必要以上には付けません。天井面もデザイン要素のひとつと考え、穴の数を極力減らします。ダウンライトの穴の大きさも、日本で普及しているものよりひと廻り小さいサイズが一般的です。多用する場合でも、必要時に必要箇所だけに光を落とせるように設計されます。

暖炉の火を愛するイギリス人は燭台を置いてロウソクに火を灯し、楽しみます。言葉ひとつで照明器具の点灯ができるなど、機能面が発達していく世の中の動きと正反対であり、ひとつずつ点灯していくという手間のかかるロウソクを「この瞬間が楽しい」と聞いたとき、逆に豊かさを感じたのでした。

照明計画事例

建築家の奥様であるジョイの家の照明計画です。1960年代の家で天井が高くないこともあり、天井付けの照明があるのはダイニングルームのテーブルの上だけです。キッチンや通路にダウンライトはありますが、部屋にはスタンド照明か燭台しかありません。ダウンライトは作業するとき以外は消しています。「明るいのは落ち着かない」とし、燭台のロウソクの明かりと暖炉の火の前に腰を下ろし、「これが一番落ち着く」とくつろぎ始めるのです。

黄色……スタンド照明
白……ペンダント照明
オレンジ……ロウソク
水色……ダウンライト

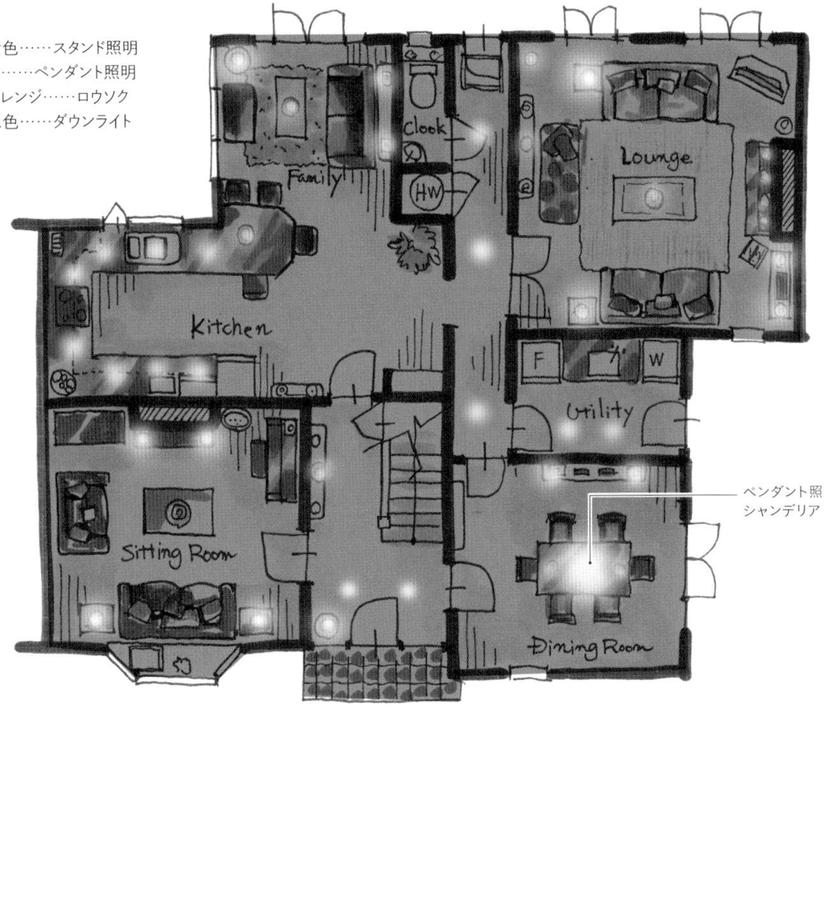

ペンダント照明
シャンデリア

ジョイの家のラウンジ　日中と夜

ラウンジの日中。照明や燭台はインテリアとして活躍

ラウンジの夜。暖炉を中心にスタンド照明や燭台にろうそくが灯され、リラックスした雰囲気になる

episode

05

イギリスの家の魅せポイント

キッチン

イギリスでは、親しい友人どうしが日常的に家に招き合う習慣があります。短時間で気楽に過ごすときに使う場所が、ダイニングです。ダイニングはキッチンと同じ空間、もしくは隣接していることが多いため、キッチンは「見られる場所」となっています。

昔のキッチンはバックヤードのひとつでしたが、現在では、家族を含めて人が集まる頻度が高い場所です。そのため、キッチンは機能的であることと同時に、きれいに整えることも必要とされます。イギリスのキッチンの美しさは「見せる」「隠す」のメリハリが成立しているところにあります。

キャビネットは、扉付きの棚とオープンな棚の両方があるタイプが普及しています。オープンな棚には見せたい食器や瓶、レシピ本などを並べ、キッチンを彩ります。

カウンター上に置かれたキッチン小物には、ひと手間の工夫が。同じサイズの缶に入れ替えたり、素敵な陶器に用具を入れることで、機能的な空間の印象をやわらげています。従来はそんなオリジナリティと生活感が垣間見えるキッチンが主流でしたが、最近は日本と同様に、すべてを隠してすっきり見せるキャビネット型のデザインもももてはやされ、好みが二分されています。

イギリス式キッチン

見せる収納を楽しむキッチン

オープンスペース
レシピ本

見せる食器棚

オープンスペース
植物・瓶などが飾ってある

冷蔵庫
隣の部屋に大きい冷凍冷蔵庫がある。一家に冷凍冷蔵庫が2台ある家が多い

吊下げ収納
よく使うボールや鍋が吊るしてある

換気扇
使うときに前に引っ張ると出てくる

ステーブルドア
P125

洗濯機
昔「洗い場」として流しと同じ場所にあった名残か、キッチンにある家が今でも多い

コンロ&オーブン
オーブン料理が主流。コンロは蓋付きで使わないときはフラットになる

平面図はp121参照

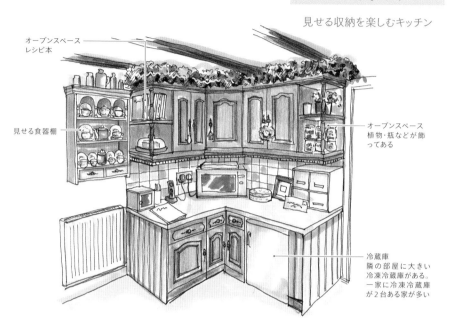

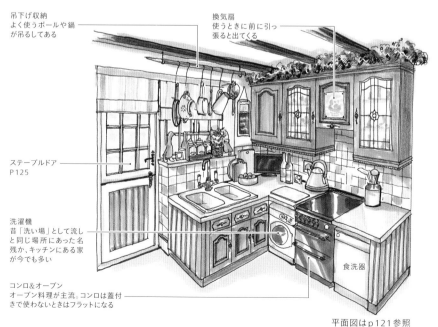

既存空間を生かすキッチン

昔のキッチン
暖炉スペースを生かす

昔のキッチン用暖炉の
間口は大きかった
アーガ（AGA）
イギリス人の憧れ、鋳物製の万能調理器具。基本的に火を起こしたら年中消さない。オーブン、コンロ、湯沸かし機能などがあり、暖房器具にもなる。多色展開しており、今はインテリア要素が強い

トレンドキッチン

完全収納のモダンな
アイランドキッチン

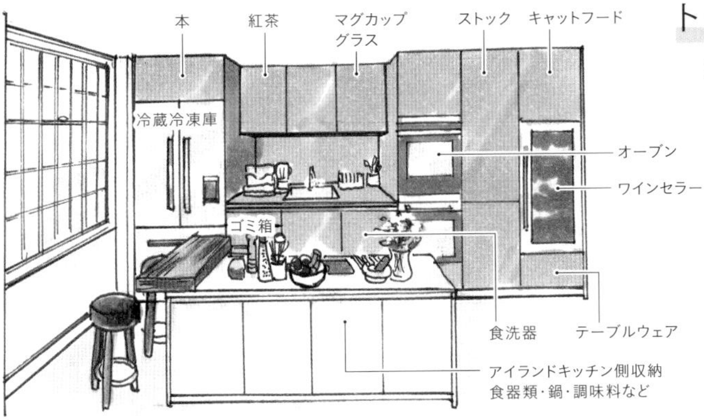

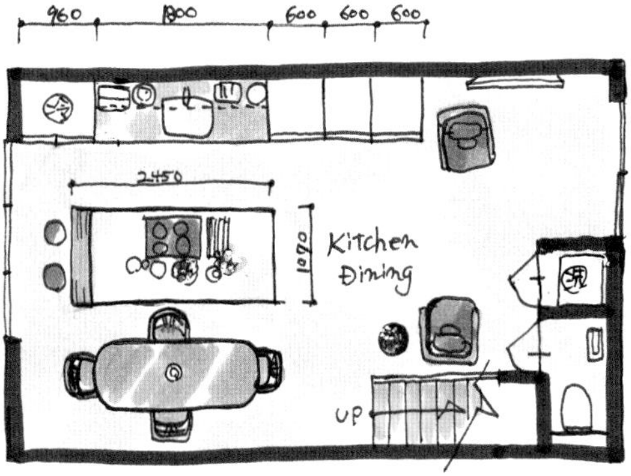

キッチンとダイニングに分かれていた部屋を一つの大きな空間に改装。アイランドキッチン型のモダンなキッチンは今のトレンド

chapter

3

ライフスタイル別
イギリス人の
住まい方

Front

Back

episode

OI

ライフスタイル別イギリス人の住まい方

空き部屋をつくらない家

私が最初にホームステイ先としてお世話になったのが、ヘザーの家でした。彼女はとても面倒見が良く友人が多いため、多くの家を紹介してもらった恩人です。購入時はメンテナンス状態が非常に悪くて5年間売れ残り、安くなっていたそうです。DIYが趣味のご主人にとってはむしろ魅力的な物件だったといいます。大学の寮に入った長女の空き部屋が、私のホームステイの場所でした。それから年に1回ほど訪問する仲となり、早7年経ちますが、訪ねるたびに住人構成が変化しています。

ヘザーは空き部屋ができたらすぐに誰かを受け入れて、部屋を生かそうと考えます。次男が大学に入って部屋が空くとヘザーは、「foster」という、事情のある家庭の親に代わって子どもを一時的に預かる活動をはじめ、その子たちのために部屋を提供します。行くたびに預かる子は変わっていました。ある年、ヘザーの父親も高齢のため同居するようになります。しかし人の出入りが激しくて落ち着かないからと、静かに暮らせる田舎の老人施設での暮らしを選択し、数年で出て行きました。

変化を楽しむ夫婦の家は訪問する度に住居人の変化とご主人のDIYによる室内の変化があり、いつも新しい空気を纏っているように感じられます。

デービッドとヘザーの家

地下1階、地上2階のビクトリアンゴシックの一軒家。購入から23年経った今も、この家のDIYは終わりません。ヘザーいわく、この家はDIYが趣味のデービッドにとってパラダイスだそうです。

鱗模様の平瓦
装飾性豊かな破風
ビクトリアンゴシックの特徴そのままの外観。近くの丘で採れるモーバンストーンが外壁に使われているのはこの地方ならでは
ポインテッドアーチの玄関扉
ベイウィンドウ

竣工：　1846年
様式：　ビクトリアン様式（ゴシックリバイバル）
家の形態：デタッチドハウス
場所：　グレート・モーバン
　　　　※コンサベーションエリア［p180］
家族構成：50代夫婦　子供3人（長女大学寮で不在）2013年当初
購入時期：1997年
購入理由：主人の仕事の関係・子供が増えた・家の可能性
ガーデン：家の5倍程の広さの庭の中心に家
初訪問時：2013年

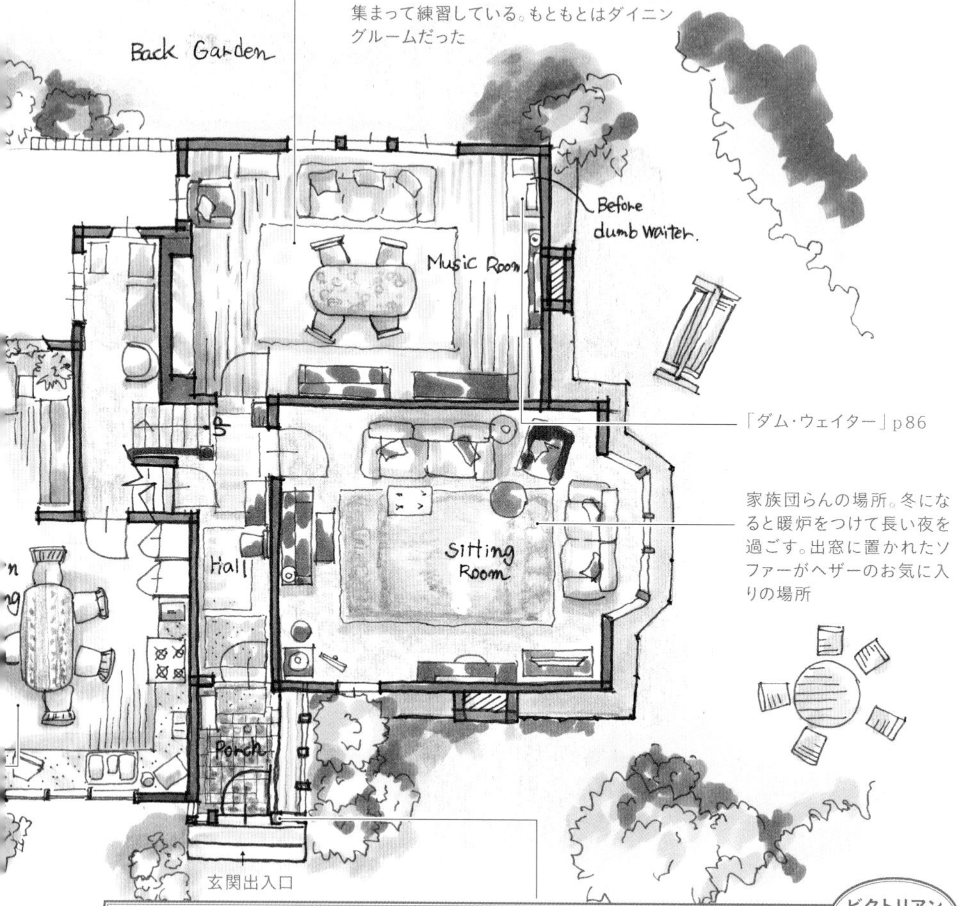
音楽が趣味の一家。特にご主人のデービッドはピアノとサックスを演奏し、仲間がよく集まって練習している。もともとはダイニングルームだった

ビクトリアンアイテム

呼び鈴「サーバン・ベル」

使用人を雇っていたビクトリアン時代は、地下の使用人がいる部屋とワイヤーでつながる「サーバン・ベル」が各部屋にあった。引っ張ると、地下の使用人を呼び鈴で呼び出せる。現在でもその文化を愛するイギリス人の間では、玄関の呼び鈴として使われている。

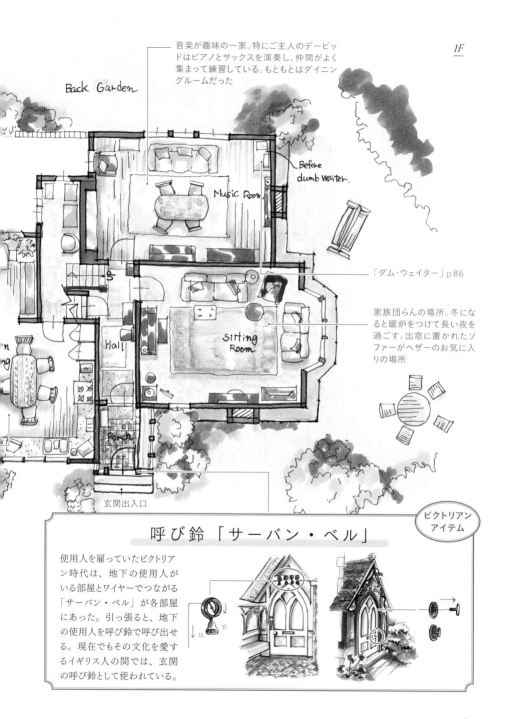

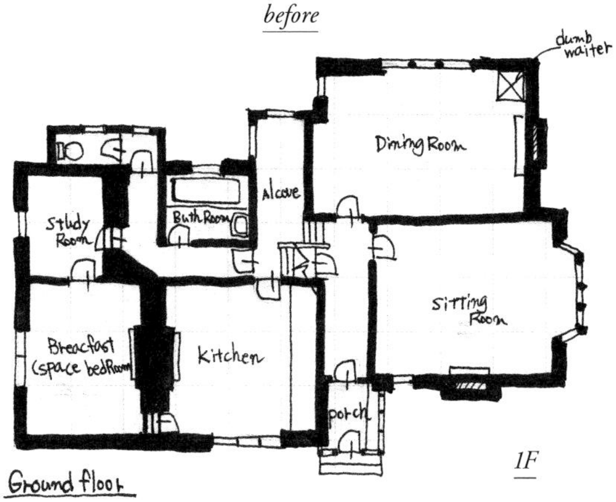

ヘザーが家を購入したときの1階の間取り。バスルームは1階には必要ないため、なくしてキッチンの横にファミリールームを設けて広い空間にした

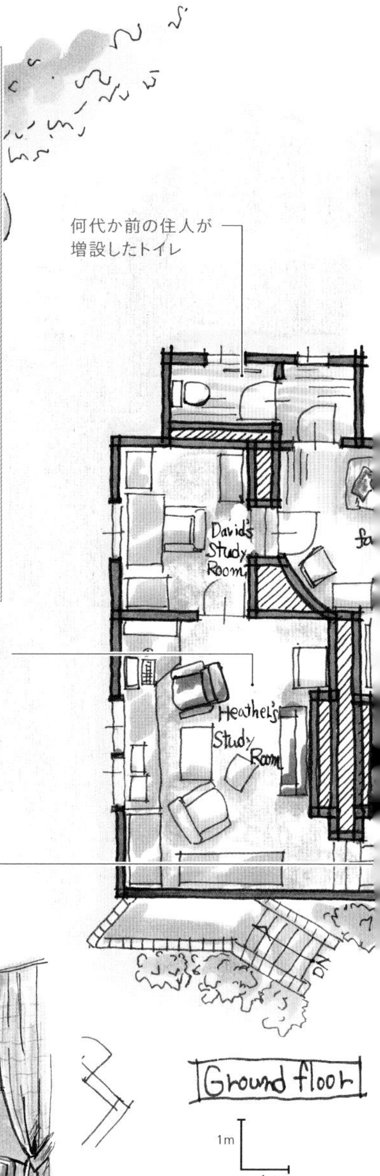

何代か前の住人が増設したトイレ

オンラインで教師をするヘザーの仕事部屋。キッチンに置ききれない食糧の貯蔵庫としても利用。大人数の来客時にはゲストルームにもなる

ヘザーとデービッドの書斎は、この家のオリジナル部分ではなく、何代かあとの住人によって増築された

キッチン・ダイニングは家の中心で、家族が普段集まる場所。大きな窓からは庭の木々が見える。カーテンを閉めたことは一度もない

生き続ける4部屋のベッドルーム

2階には、主寝室と4部屋のベッドルーム、浴室があります。3人の子どもたちが家にいたころは、それぞれに部屋が与えられ、残りの1部屋はゲストルームでした。子どもたちが巣立って空いた部屋には、私のようなホームステイ客を受け入れたり、「foster」として子どもを預かったりと、外部から人を受け入れています。大学に進学した子どもたちが一時的に戻ってくるときは部屋を空けます。ヘザーの父親が同居していた時期もあり、そのころはゲストルームとして空いている部屋は、私が訪問するたびに違いました。

2F

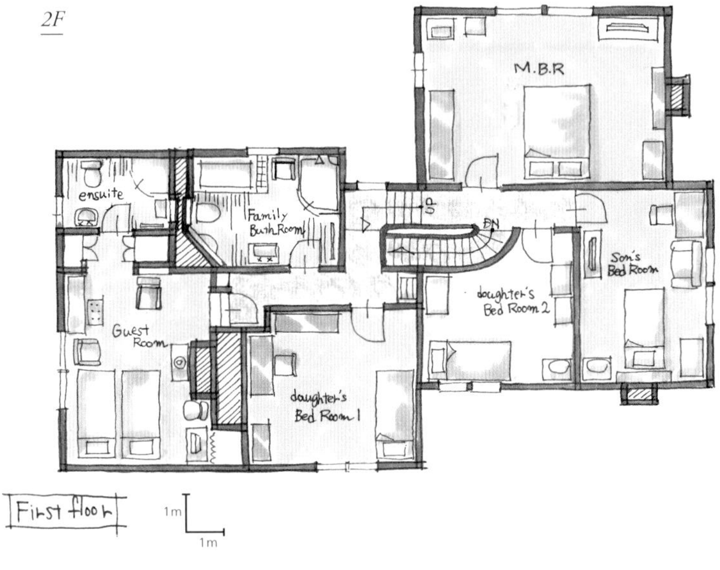

before

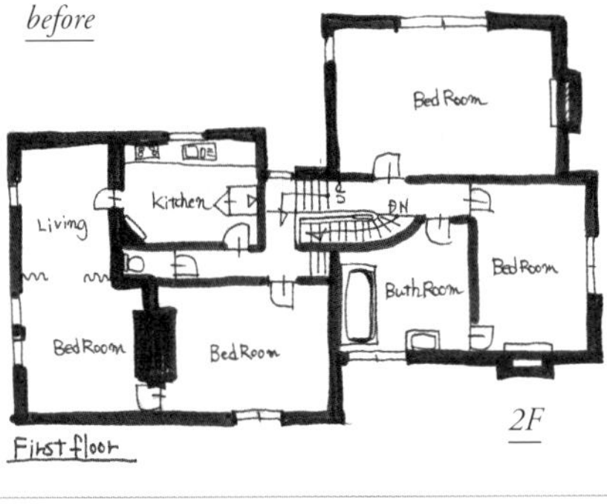

2F

ヘザーが購入したときの2階の間取り。2階にもキッチンがあることから、入居前の住人は二世帯住宅のようにして使っていたのではないかと推測できる。必要のないキッチンを撤去し、バスルームを使いやすくし、ベッドルームだけのシンプルな2階に変更した。

イギリスの家あるある

地下は賃貸にして運営

家の地下階は、もともとはその家の主人を世話する使用人の家事場でした。その使用人と家の主人が使う出入口は別であることが普通だったため、地下には正面玄関とは別の出入口があります。このような独立した動線が賃貸に向いているのです。上階につながる階段をふさぐだけで、独立させることができます。そのため、地下階を賃貸として貸し出すことはイギリスでは一般的です。ヘザーの家も地下階の3分の2を賃貸にしています。残り3分の1は自分たちのユーティリティと物置に使っています。

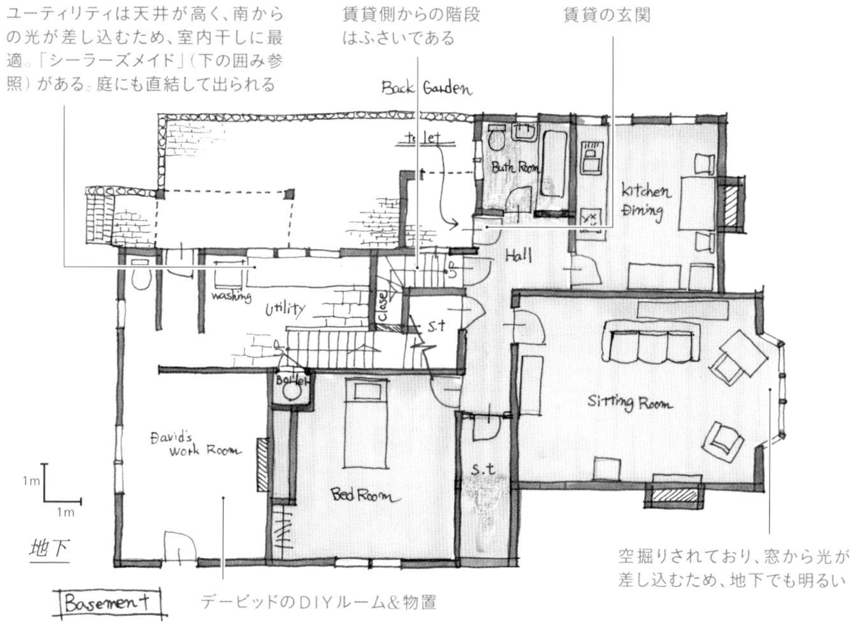

※黄色く塗りつぶした部分が賃貸ゾーン

ビクトリアン アイテム

洗濯物干し「シーラーズメイド」

ビクトリアン時代に生まれた洗濯物干し。滑車でロープを引っ張ることで、竿を軽い力で上げ下げできる梃子の原理を利用した原始的な造りのアイテム。「シーラーズメイド」といい、現在でもイギリスで愛用されている。干すときには下げ、乾かすときはロープを引っ張り上げて高い位置で乾かす。アイアンの竿掛けに木製の竿で、味わいがある。

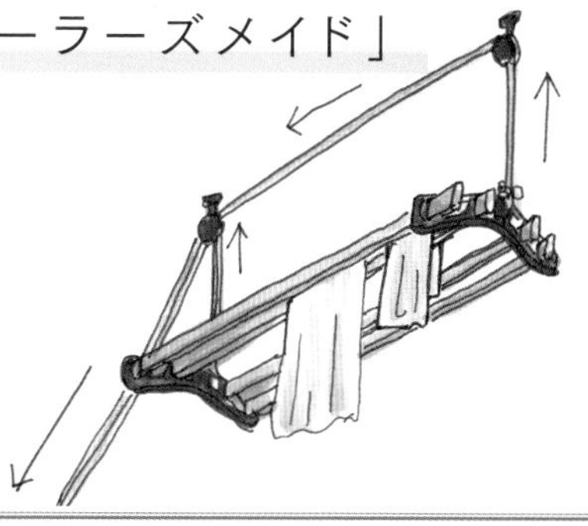

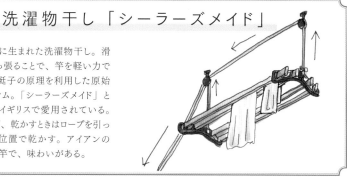

episode

02

ライフスタイル別イギリス人の住まい方

最初の家・次の家

日本人は一生の間に何回くらい家を住み替えるでしょうか。購入するとなると、通常1軒から2軒ではないでしょうか。そのため、ある程度未来を予測し、間取りや部屋数を決めて購入することになります。

対してイギリス人は、一般的に5軒、6軒は買い替えます。現時点で家族に合った家を購入し、合わなくなったら買い替えるのです。そこには「家の価値は下がらない」「素敵に住めば高く売れる」という資産評価があり、売って買うことに大きな抵抗がありません。家の価値は築年数ではなく状態で決まるので、自分の家を熱心にメンテナンスし、ＤＩＹをして、より良く見せるように頑張ります。

ここでは30歳代の夫婦2組について、結婚して最初に所有した家と、そして子どもができて30歳代のうちに次に移り住んだ家の2軒を、それぞれ紹介します。

1組目は、新興住宅地の新築一軒家を購入した家族です。「新築一軒家」は、日本人には魅惑的な響きですが、イギリスでは「新築」は特に魅力的なワードではありません。評価は「新旧」ではないのです。多くのイギリス人が歴史ある家に魅力を感じている一方、若者の間ではメンテナンスのいらない新しい住宅を好む人もいます。価値観は人それぞれで、「新しい」も選択肢の一つにすぎないのです。

マーカスの家（1軒目）

結婚して初めて持つ家。新興住宅地の新築一軒家を購入。

屋根
スレート石
窓
樹脂製窓で
ペアガラス
花壇スペース
植栽はまだ育っていないが、建物の足元にはスペースを確保
コッツウォルズ地方が近いため、スライス石を使用。躯体のブロックを積んだあと、レンガほどの厚みのある石材を積み上げている

竣工：　2011年
様式：　なし
家の形態：デタッチドハウス
場所：　チェルトナム
家族構成：30代夫婦　子供（1歳）

購入時期：2012年　25万ポンドで購入
売却時期：2016年　30万ポンドで売却
購入理由：夫の実家が近い
ガーデン：木が育っていないため芝生だけの庭
初訪問時：2013年

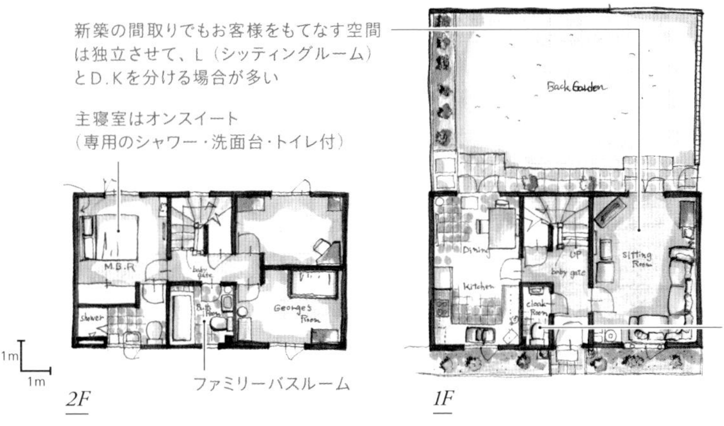
クロークルームという名のトイレは1階の玄関近くにある。名前の通り、靴や上着も置いてある

マーカスの家（2軒目）

新築一軒家を購入後わずか4年、購入額より高く売り、移り住んだ家は、築60年のセミデタッチドハウス。より多い部屋数と広い庭を求めての引越しでした

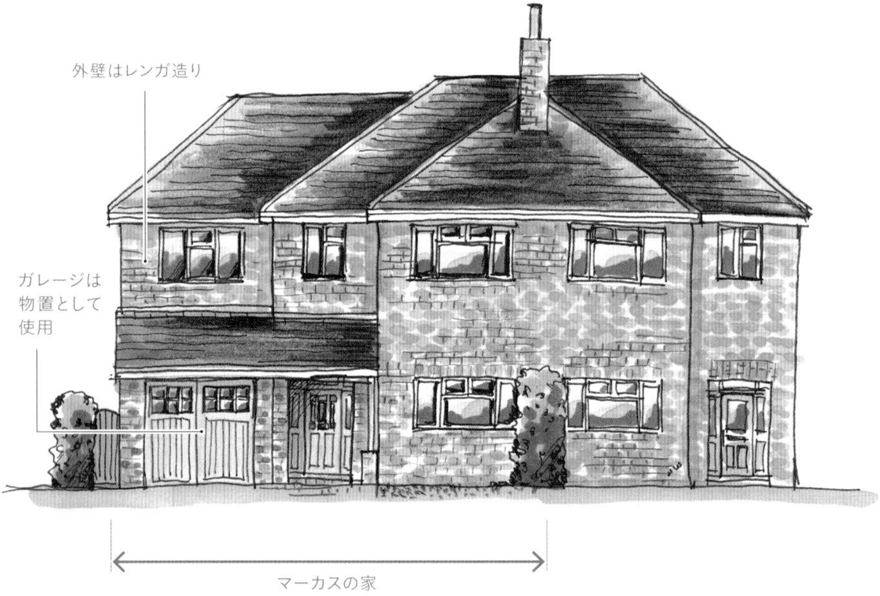

竣工：　1960年
様式：　なし
家の形態：セミデタッチドハウス
場所：　グロスター
家族構成：30代夫婦　子供（4歳・1歳）
購入時期：2016年　29万ポンドで購入
購入理由：子供が2人になり手狭になった
ガーデン：家の2倍程ある広い庭
初訪問時：2016年

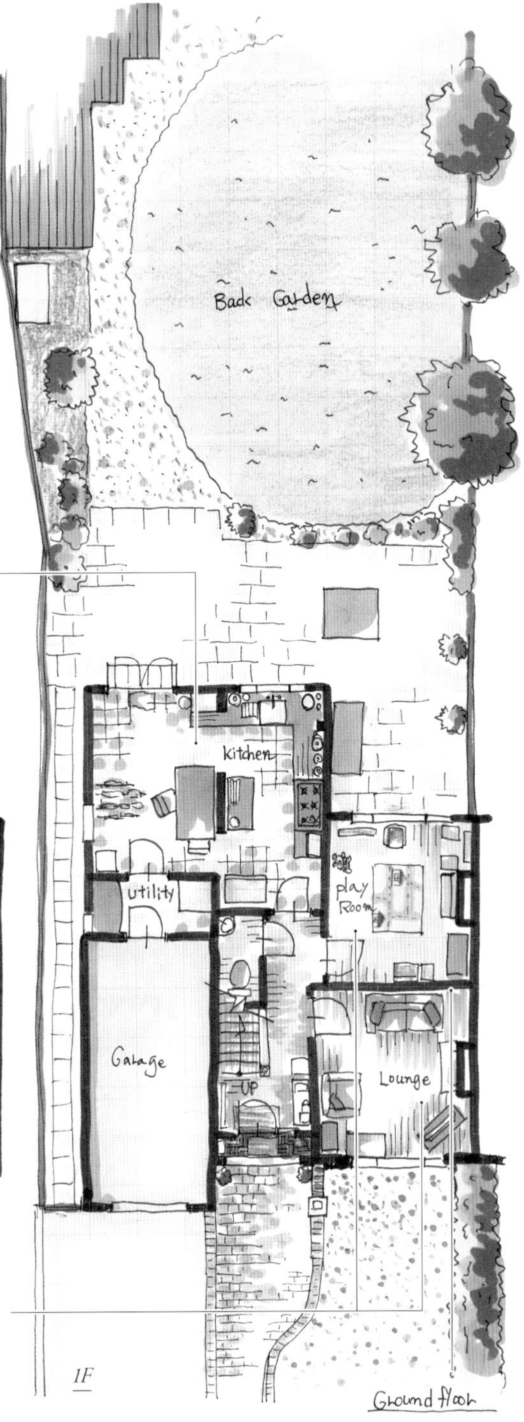

キッチンスペースは以前の住み手によって増築され、広い空間になっている

子どもの遊び部屋と大人のラウンジを分けることが、ラウンジをきれいに保つコツ

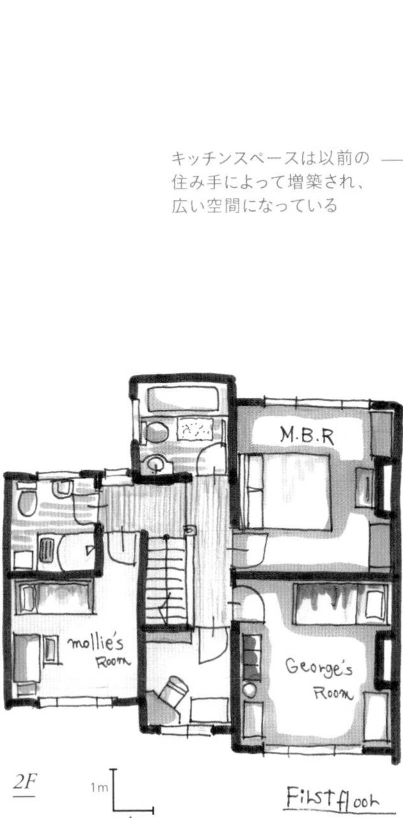

ナディアの家（賃貸）

一軒家を改装した「賃貸フラット」。昔の一軒家の室内を分割して改装し、アパートメント形式にしています。ナディア夫婦は1階の一部を借りていました。高級住宅エリアで立地条件はとても良いのですが、賃貸でも高額のため、住宅購入は別エリアで考えていました。

外壁

ロンドン地方の特徴であるイエローストックブリックが使われている

出窓

ビクトリアン様式の特徴である出窓。1階の出窓部分が、ナディアの家のラウンジにあたる

玄関扉

4枚の板がはめ込まれたパネルドア。7軒分のドアホンがある

竣工：　1890年頃
様式：　ビクトリアン様式
家の形態：賃貸フラット
場所：　ロンドン　リッチモンド
家族構成：30代夫婦　子供（1歳）
賃貸時期：2017
賃貸理由：結婚
ガーデン：　なし　徒歩3分でキュー王立植物園がある
初訪問時：2018年

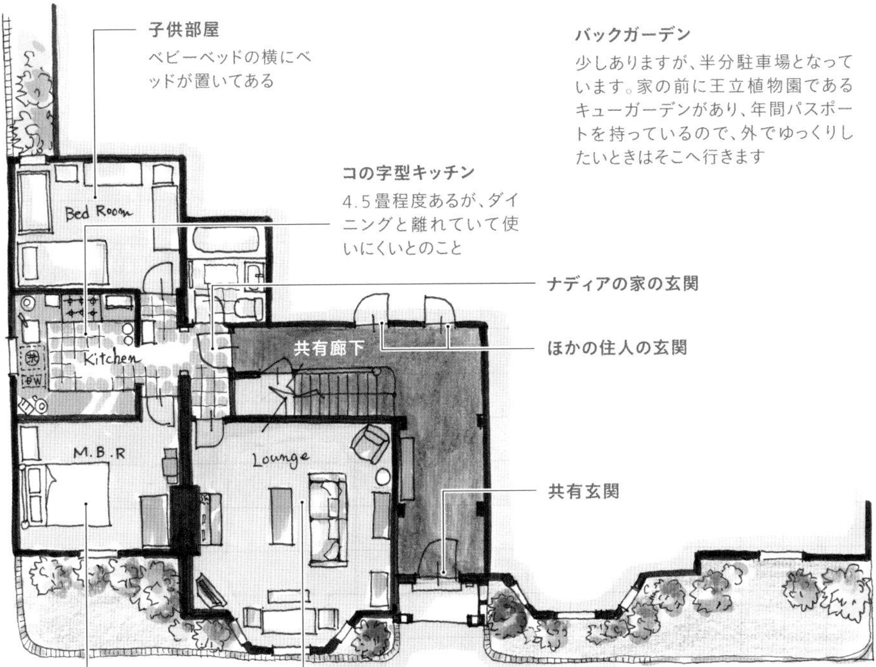

子供部屋

ベビーベッドの横にベッドが置いてある

バックガーデン

少しありますが、半分駐車場となっています。家の前に王立植物園であるキューガーデンがあり、年間パスポートを持っているので、外でゆっくりしたいときはそこへ行きます

コの字型キッチン

4.5畳程度あるが、ダイニングと離れていて使いにくいとのこと

ナディアの家の玄関

ほかの住人の玄関

共有玄関

主寝室

収納スペースがないため、所狭しと物が置かれている

ラウンジ

リビング・ダイニングの役割をもつ。ダイニングテーブルは出窓の前に置かれ、客間としての空間を重視したレイアウトに。天井が高く広々としている

フロントガーデン

駐車場スペース

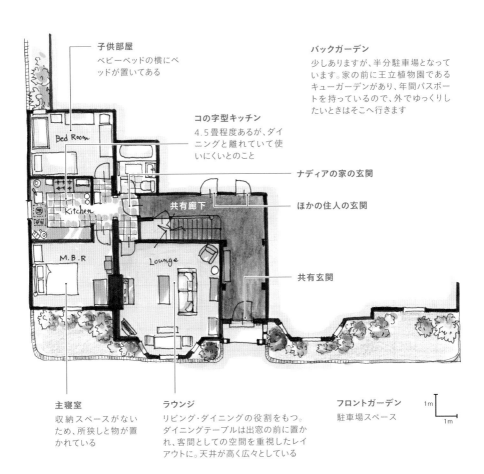

ナディアの家（1軒目）

ナディアが購入したのは、賃貸していたエリアから1駅離れた場所のセミデタッチドハウス。ナディアの計画は、この家を5年かけて手を入れて価値を上げ、次の家へとステップアップ。家のランクを上げながら、将来的には賃貸していたキューガーデンエリアに戻りたいと考えています。

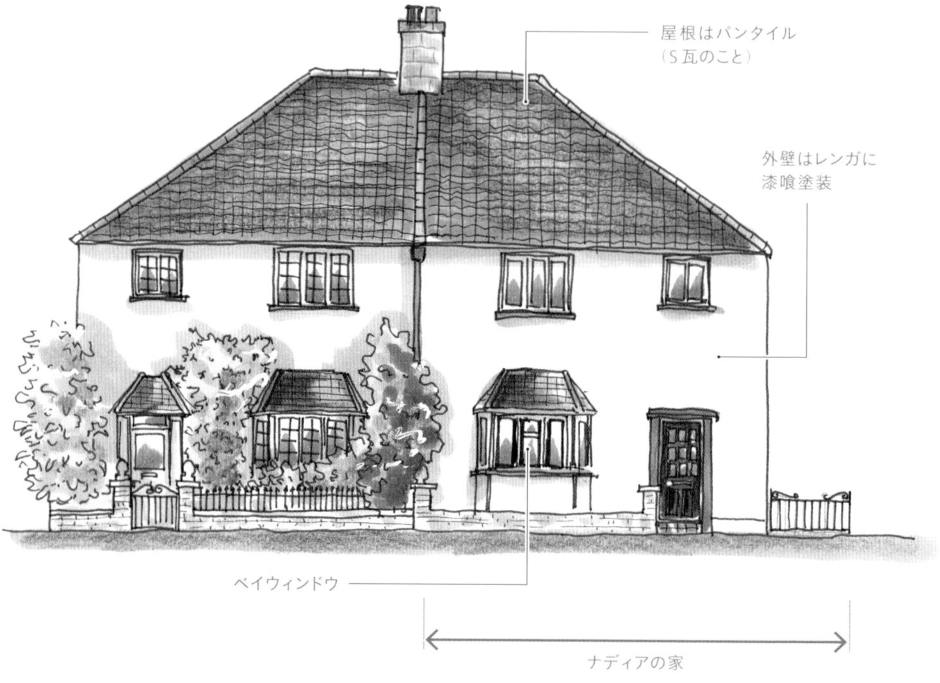

竣工：　1930年
様式：　戦間期（1930年様式）
家の形態：セミデタッチドハウス
場所：　ロンドン　リッチモンド
家族構成：30代夫婦　子供（2歳）
購入時期：2019
購入理由：結婚当時から賃貸を早々に辞めて購入したいと思っていた。
キュー地域から遠くない立地
ガーデン：現在作成中
初訪問時：2019年

ガーデン

現在制作中。テラスデッキもつくる予定

LDK

増築してオープンキッチンに改装。見通しのよい空間は、子育てがしやすいように配慮

リビングダイニングに天窓から光が差し込む

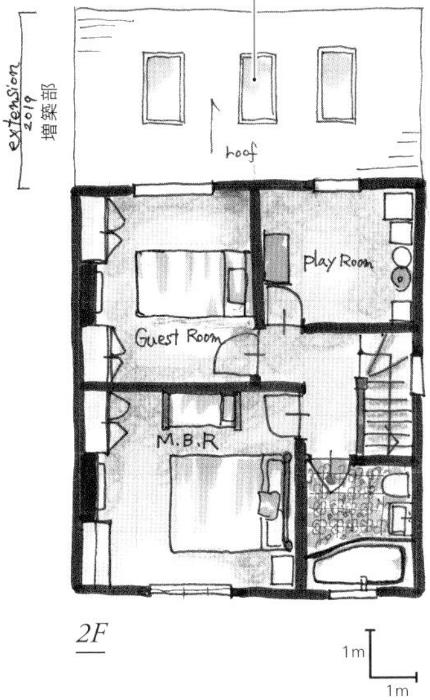

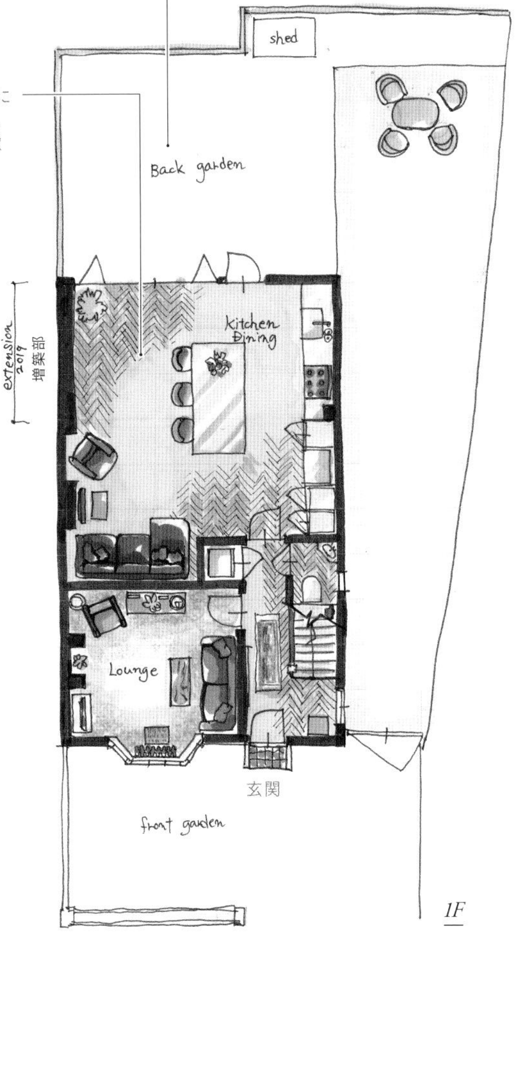

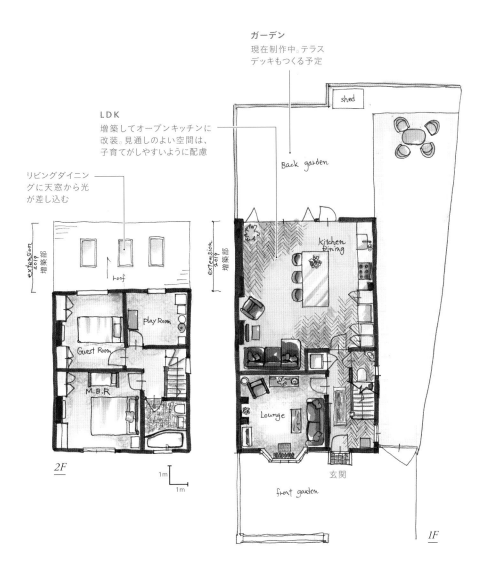

episode

03

ライフスタイル別イギリス人の住まい方

時を超えたリノベーション

メンテナンスが悪く、状態のよくない家は、比較的安く手に入ります。そのような家をあえて購入し、自分たちでリノベーションし、生まれ変わらせて家の価値を各段に上げるというイギリス人は多くいます。

次に紹介するのは、夫婦ともにインテリアデザイナーの仕事をするエリザベスとアンドリューの家です。メンテナンスの悪い家を蘇らせることはお手のもので、あえてやりがいのある家を選ぶとか。

この家の前の住人はヘビースモーカーで、購入時は部屋中がヤニだらけだったそうです。外観こそ人気のビクトリアン様式でしたが、内装は20世紀半ばに好まれた直線的でシンプルなデザインに改装されていて、当時の流行色で部屋中塗装されていたため、味気ない雰囲気の物件だったとのこと。

家の造りがしっかりしており、そこにビクトリアン時代の品格を感じたことが、それでも購入を決めた理由です。内装はリノベーションで変えようがありますが、高い天井、出窓や窓の配置・大きさなど、変えられない部分を購入時にチェックするのだそうです。

劣化した家を購入し、自分たちの手で美しく蘇らせることで資産価値を上げるという文化は、イギリスでＤＩＹが普及・発達し、イギリス人のインテリアスキルが高いことの要因になっているのです。

アンドリューとエリザベスの家

廃墟物件を蘇らせるのが得意な夫妻。スケルトンの状態にしてから、躯体本体を生かしたリノベーションをして蘇らせた。

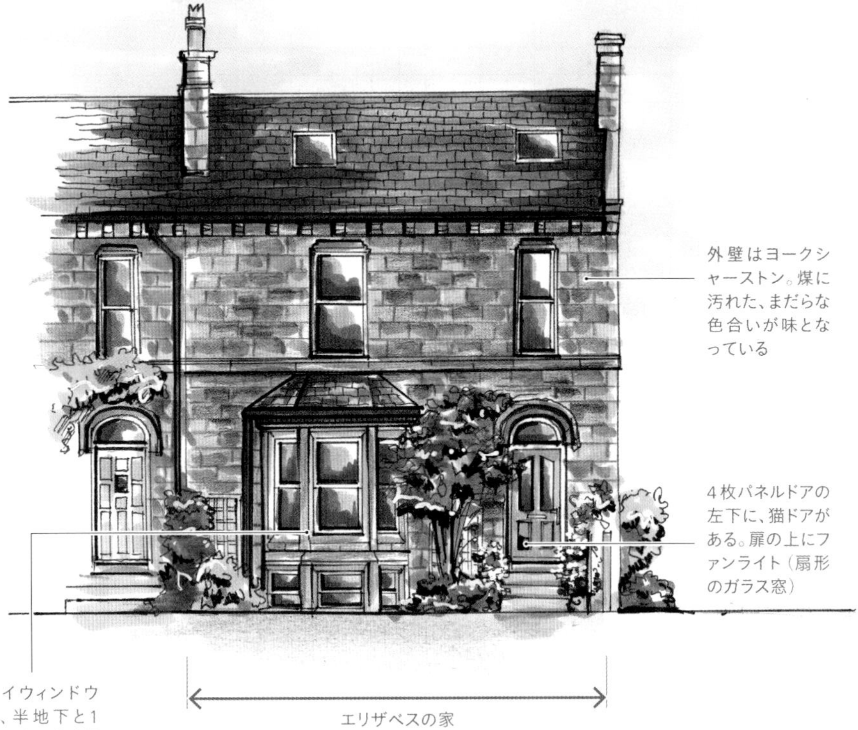
ベイウィンドウで、半地下と1階に光を多く採り入れている

竣工：　1890年
様式：　ビクトリアン様式
家の形態：テラスハウス
場所：　リーズ
家族構成：50代夫婦　ネコ
購入時期：1999年
購入理由：母親の家が近い
リノベーションし甲斐のある家
ガーデン：フロントガーデンと私道を挟んでバックガーデンがある
初訪問時：2013年

同じテラスハウスの人が通る
私道を挟んで庭がある

キッチンは廊下の空間とつな
げ、暖炉スペースも生かした使
い易く快適な空間にしている

リビングとダイニングをつなげ
た大空間へと改装。観葉植物
がたくさん置かれた、爽やかで
明るい空間

地下へ続く階段は途中で塞
ぎ、洗濯機を置いたユーティリ
ティになっている。
地下はフラット賃貸として人に
貸している

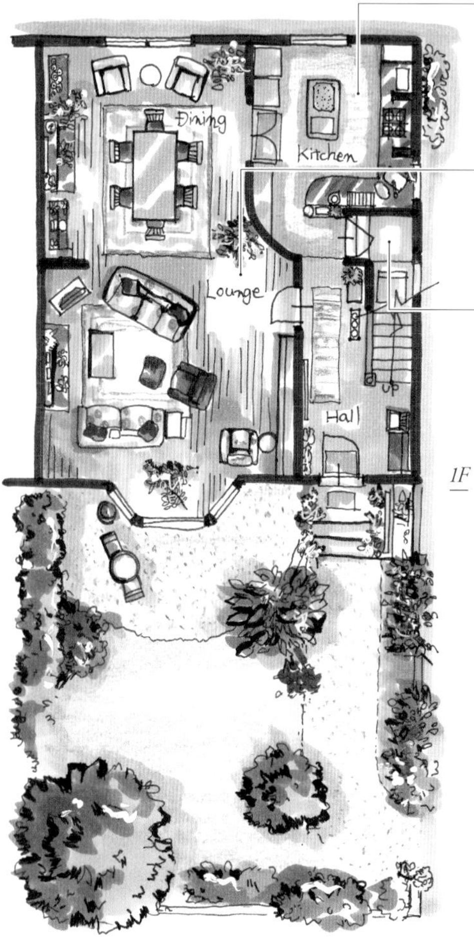

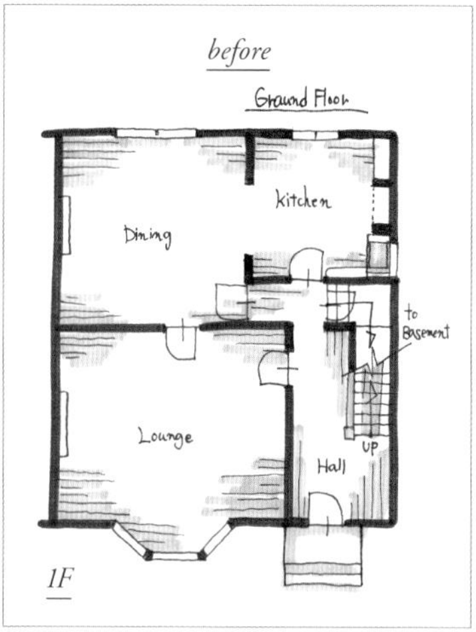

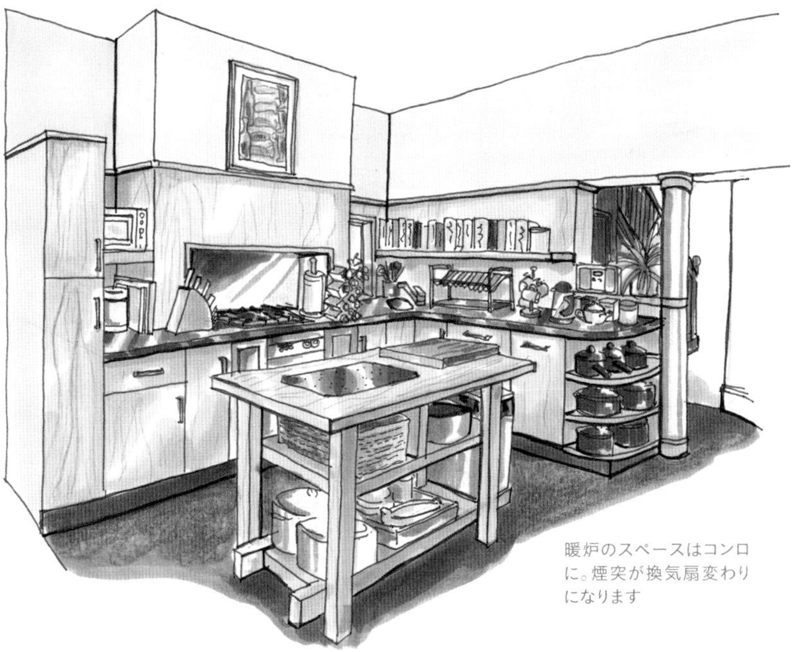

暖炉のスペースはコンロに。煙突が換気扇変わりになります

歴史ある建物に眠る遺産

内装は時代によって流行り廃りがあるので、改装のために階段のパネルを剥がしたら、ビクトリアン時代の装飾が出てきたり、暖炉の塗装を磨いて落とすと、下から大理石が見えてくるなど、リノベーションならではの楽しみがあります。

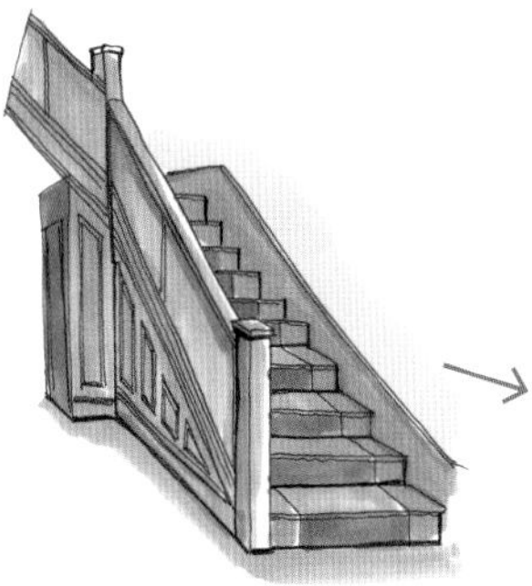

引越し当時は1950年代に流行ったシンプルラインにオリーブグリーン塗装

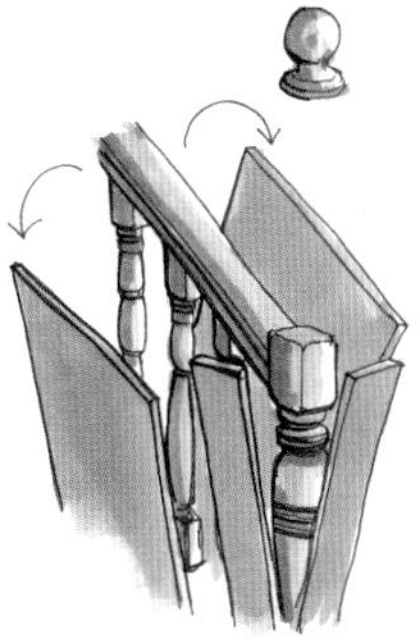

パネルを剥がすとビクトリアン時代のポストが出てきました。トップだけ買い足して復活

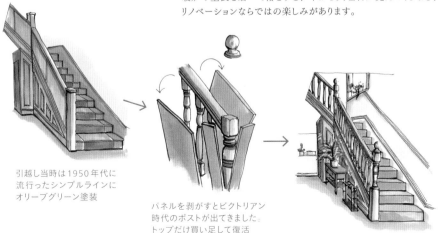

天井の低い場所は
収納になっている

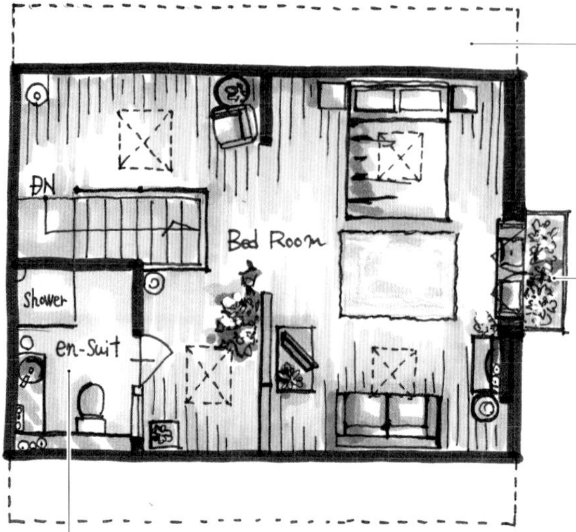

見晴らしが良い

小屋裏

バス、シャワー完備の
オン・スイートルーム

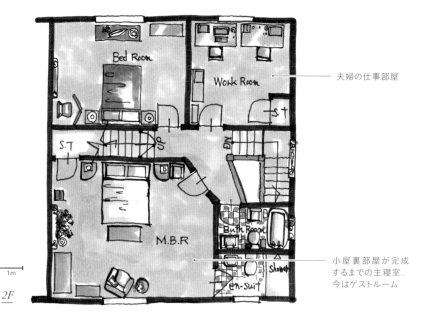

夫婦の仕事部屋

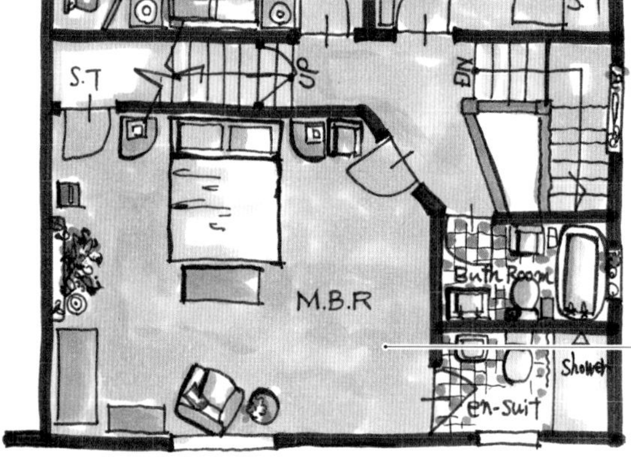

小屋裏部屋が完成
するまでの主寝室。
今はゲストルーム

1m
1m

2F

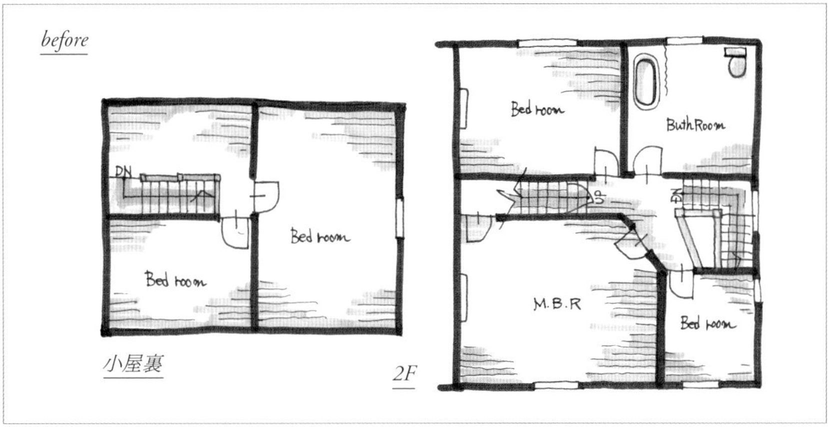

小屋裏の部屋はすべて壁を抜いて一つの大きな空間に。
1、2階を先に改装し、小屋裏はゆっくりと最後に手掛けたため、引っ越してから
数年経っていたそうです。今は夫婦の寝室として使っています

episode

04

ライフスタイル別イギリス人の住まい方

趣味に生きる男の空間

イギリスで一般的に休みの日の過ごし方として多いのが、ガーデニング、ＤＩＹです。ここでは、イギリスならではの趣味に没頭する男性、アンティーク収集を楽しみながら日常を楽しむリチャードの家を紹介します。

リチャードはすでに定年退職してセカンドライフを悠々自適に楽しむ元教師です。奥様とはだいぶ前に死別し、お子さんも独立したため、基本的には独り暮らしでした。男の独り暮らしとは思えない広さの家ですが、手を抜いている部屋が1つもないことに驚きます。ショールームでもなければ、家でサロンを開くわけでもないのに、すべての部屋が整えられています。

趣味はアンティーク収集、振り子時計の収集とメンテナンス、車、ピアノ、とにかく多彩です。12台もある振り子時計は、12時になると一斉に鳴り響きます。リチャードには聖歌隊のコーラスに聞こえるそうです。

そんな彼にお嫁さんが来るということで、伺ったときは結婚式で演奏するピアノの練習中でした。

そして3年後、再びリチャードを訪ねました。とても上品な奥様に迎えられ、お茶と手づくりのお菓子がふるまわれました。リチャードの完璧な部屋は奥様の柔らかさが加わり、一段と心地よい空間になっていました。

リチャードの家

エドワーディアン様式が好きなリチャードは、家にも家具にもこだわりをもち、日々磨きをかけて過ごしています。

地下に直接入れる扉
上げ下げ窓の上に地域の石(モーバンストン)が、さり気なくはめ込まれている
玄関扉はステンドグラスが美しい

竣工:　1904年
様式:　エドワーディアン様式
家の形態:デタッチドハウス
場所:　グレート・モーバン
家族構成:60代男性一人暮らし　犬

購入時期:2005年
購入理由:エドワーディアン時代が大好き
ガーデン:　家を取り囲むように庭がある
初訪問時:2015年

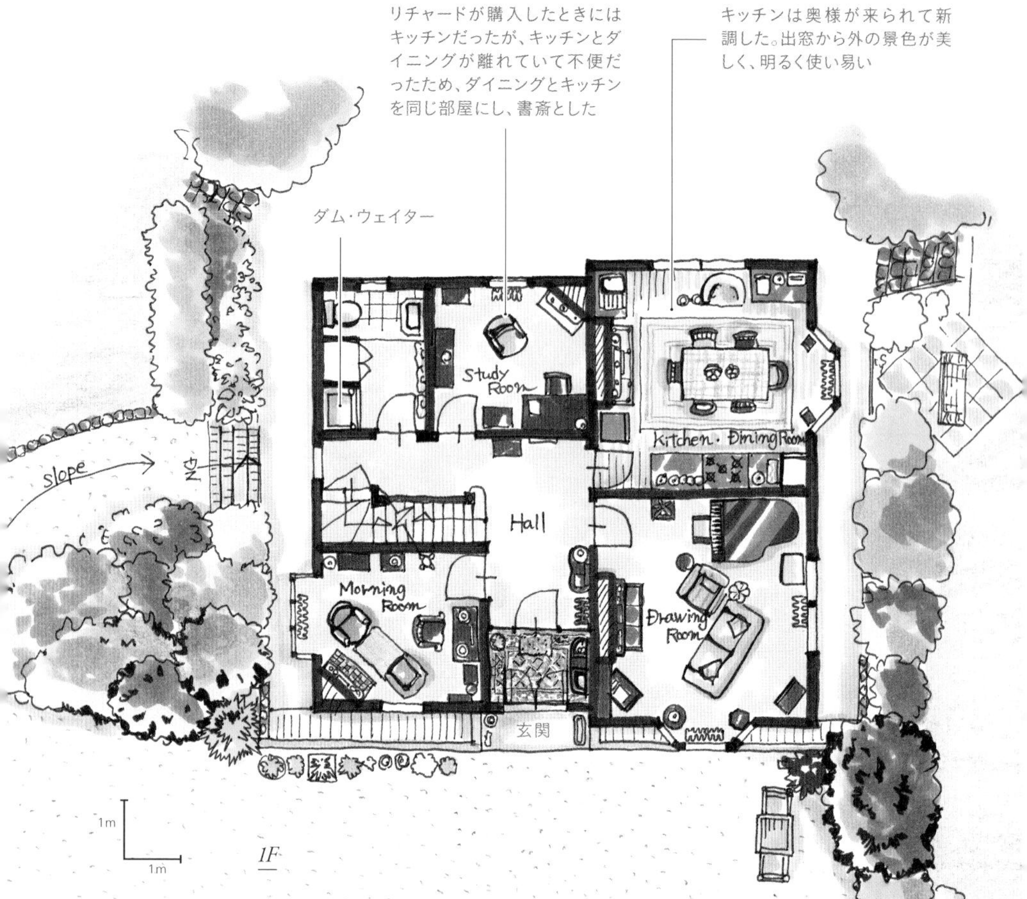
リチャードが購入したときにはキッチンだったが、キッチンとダイニングが離れていて不便だったため、ダイニングとキッチンを同じ部屋にし、書斎とした
キッチンは奥様が来られて新調した。出窓から外の景色が美しく、明るく使い易い
ダム・ウェイター
Study Room
Kitchen・Dining Room
Hall
Morning Room
Drawing Room
玄関
slope
N
1m
1m
1F

「リビング」の呼び方

「ドローイングルーム」は、単純に訳せば応接室の意味です。家族団らんの場であり、客人を招く場でもあります。リビングルームという役割の部屋にも当たります。この役割の部屋の名称は、イギリスでは複数の呼び名があり、カントリーハウスのようなお屋敷で使われていた「パーラー」を始め、「ドローイングルーム」、「ラウンジ」、「レセプションルーム」、「シッティングルーム」、「リビング」と部屋名の選択は多岐に渡ります。ドローイングルームが貴族英語であったように、階級によってもその呼び名に違いがありました。しかし現在では、住み手によって自由に呼ばれています。

モーニングルーム

リチャードの一番お気に入りの部屋。朝を過ごすための部屋として設けられ、東から朝日が差し込む。ここにも振り子時計が置かれている

庭には車庫があり、そこに大切にしまわれているアンティークの車。ピカピカに磨かれている。雨の日は使わない

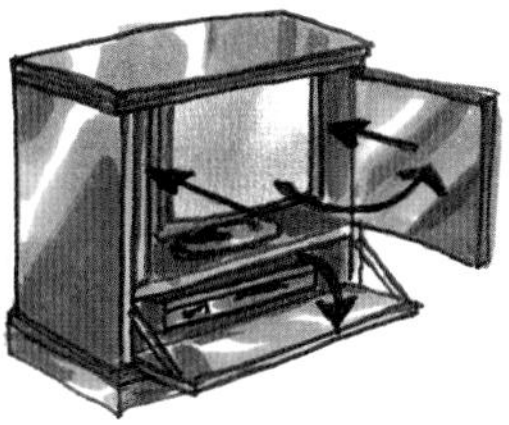

テレビはドローイングルームにだけある。それも家具の中に収納されており、無機質な物は表に出さないように徹底している

玄関ホール

深いグリーンで塗装された壁が、アンティーク家具を引き立てている。ホールにも振り子時計が2台あり、お出迎えをしてくれる

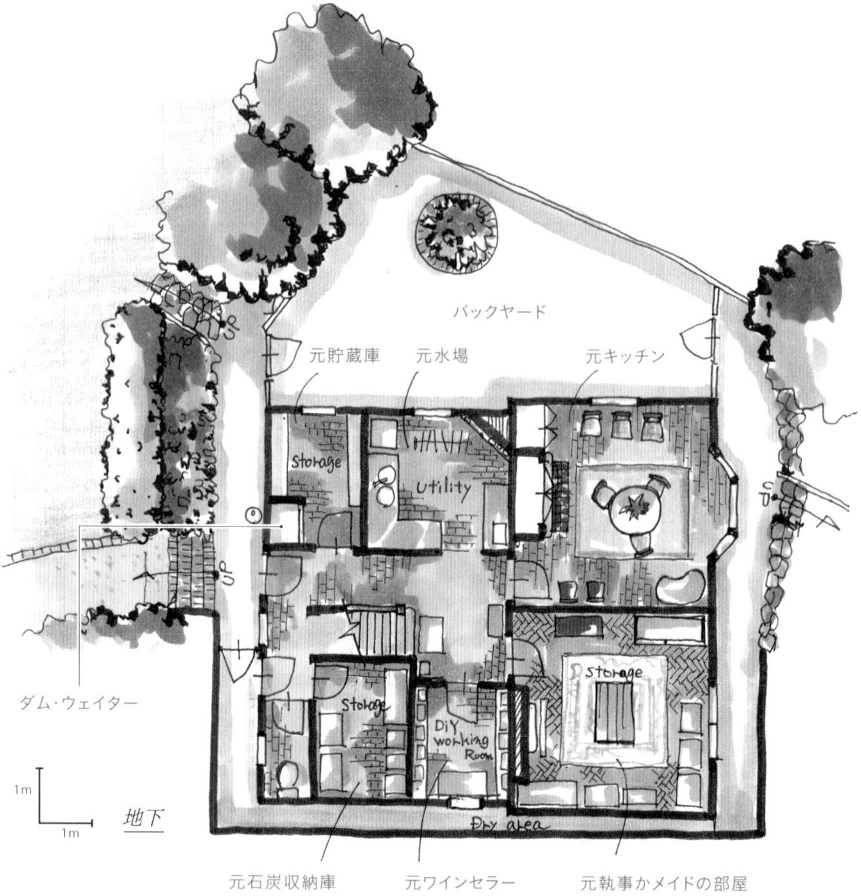

ダム·ウェイター

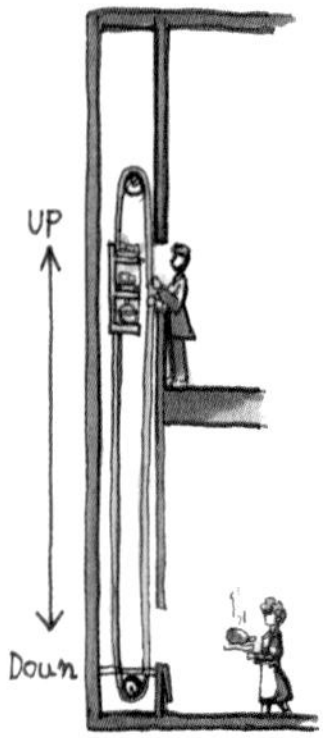

使用人がいた時代、地下でつくった料理を1階のダイニングに運ぶために使った手動リフトのこと。ロープを引くことで上下する

長い笛のような形状で、
1階と地下1階をつなぐ

1階のダイニングにいる執事が、地下のキッチンにいる使用人を呼ぶための笛。ダイニングの暖炉脇にあり、吹くとキッチンで鳴る仕組み

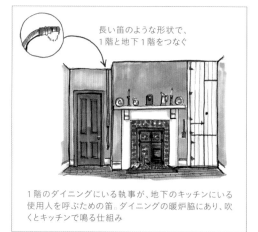

当時の名残を生かしながら楽しむ

地下には、使用人がいた時代の家事場や住み込みの部屋が、当時の面影を残しながら残っています。現在はリチャードの作業場となっており、修理中の時計や家具、多くのDIYグッズが並び、工場のような雰囲気です。1、2階の美しい雰囲気と地下の殺風景な空間の違いが、「アッパーステアー」「ロウアーステアー」と呼ばれていた階級時代を彷彿させます。

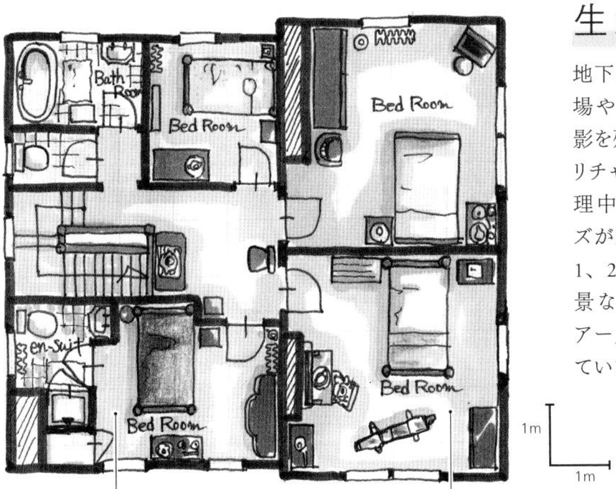

2F

寝室
2010年にシャワーとトイレを新設し、オン・スイートにした

息子が帰省したときのための部屋

息子の部屋には子どものころに使われた木馬がインテリアとして置かれ、子供部屋のかわいいイメージを残している。そこに新しい奥様のパッチワークがベットバットとして加わり、新しい装いを見せていた

デービッドとリンの家

ロンドン郊外の閑静な住宅地にある4人家族の家です。この家に巡り合うまで、2年かけて探したというご主人のデービッド。彼の趣味はフィギュアの収集。それに色付けなどを施し、コレクションとすることです。彼は自分の趣味を家族に邪魔されない、自分だけの空間を欲していました。この家の小屋裏部屋はある程度の広さがあり、トイレ付き。天井の低さは逆に落ち着き、天窓から見える空は、気持ちをリフレッシュさせてくれます。この部屋に一目ぼれしたデービッドは、購入を即決しました。

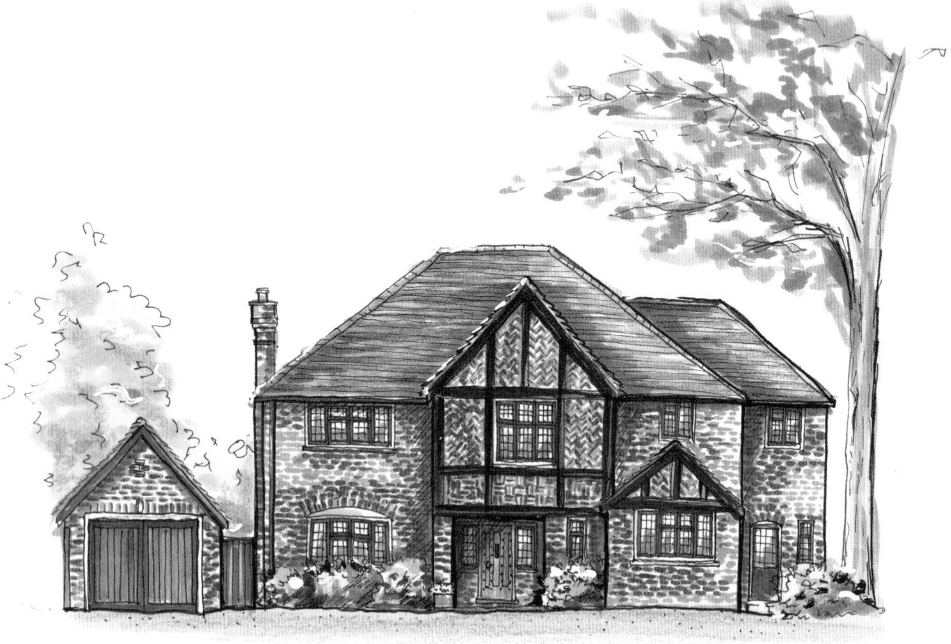

竣工：　1930年
様式：　戦間期（1930年様式）
家の形態：デタッチドハウス
場所：　ロンドン　サービトン
家族構成：50歳代夫婦　娘（14歳）　息子（10歳）
購入時期：2012年
購入理由：趣味部屋にできそうな小屋裏に惹かれた
ガーデン：家の3倍ほどある広いバックガーデン
初訪問時：2015年

小屋裏

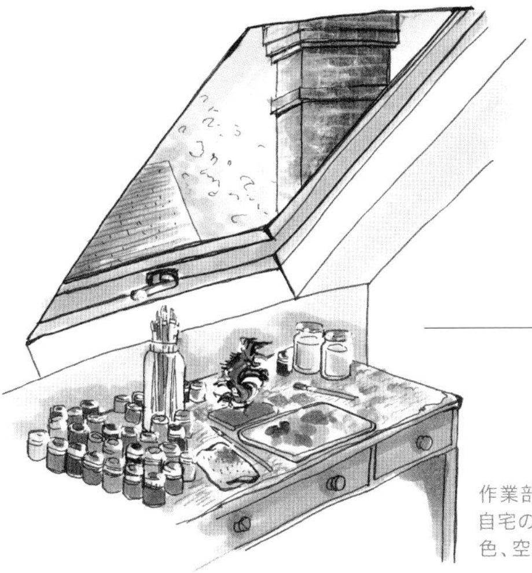

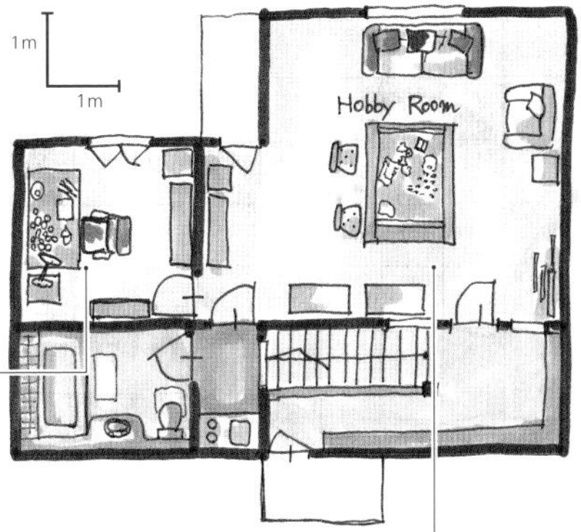

作業部屋の天窓からは、自宅の煙突と絵画的な景色、空が見える

友人も集まりくつろげる空間。部屋の中央には、フィギュアを駒に使ったボードゲーム台がある

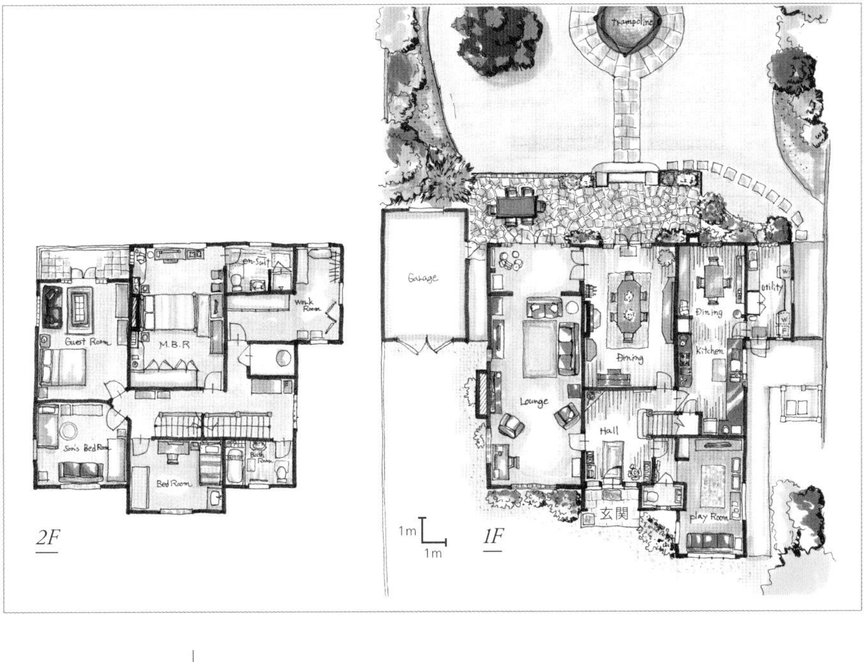

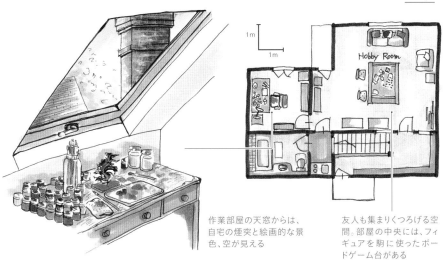

episode

05

ライフスタイル別イギリス人の住まい方

一年で最も家が輝くクリスマス

家の外観が美しいのが草花の華やぐ春だとしたら、内観が最も輝く季節はクリスマスです。

12月に入るとどの家もクリスマスツリーを飾り、窓際に配置します。イギリス人はあまりカーテンを閉めないため、窓から見える各家のクリスマスツリーのきらめきが、行き交う人たちを楽しませ、家路へと急がせます。このクリスマスツリーを飾る習慣は、1840年代にビクトリア女王の夫であるドイツ出身のアルバート公によって浸透し、上流階級から庶民へと普及していきました。

カードを贈り合う文化が根強いイギリスでは、会う人にはクリスマスカードを直接手渡し、会えない人には郵送します。クリスマスより前に、1家族に何十通も届くカードが、暖炉廻りから棚の上、壁からもぶら下がり、家中を彩っていきます。さまざまなカードが装飾品として飾られる風景は、どんなに素敵なインテリアグッズを並べるよりも温かく幸せな空気をつくるのです。

華やぐ12月の家には人も集います。クリスマスに向けて毎週末どこかの家でパーティが開かれ、友人知人が集まります。24日のクリスマスイブ、25日のクリスマス、26日のボクシングデイは、多くの店が休みになり、町は静かです。クリスマスは外出せず、家族で家で過ごすことが一般的です。

ジョンとキャロルの家

地上3階建ての一軒家。2階の半分と3階は賃貸にしています。それでも部屋数が多いこの家も、クリスマスには家族や知人が泊り、満室になります。

竣工：　1950年
様式：　年代に応じた様式ではない。周囲の建物がビクトリアン様式であるため合わせたと思われる
家の形態：デタッチドハウス
場所：　グレート・モーバン
家族構成：50代夫婦　主人の母　犬2匹
購入時期：2003年
購入理由：弟夫婦が隣に住んでいる
ガーデン：　家の3倍程ある広いバックガーデン
初訪問時：2014年

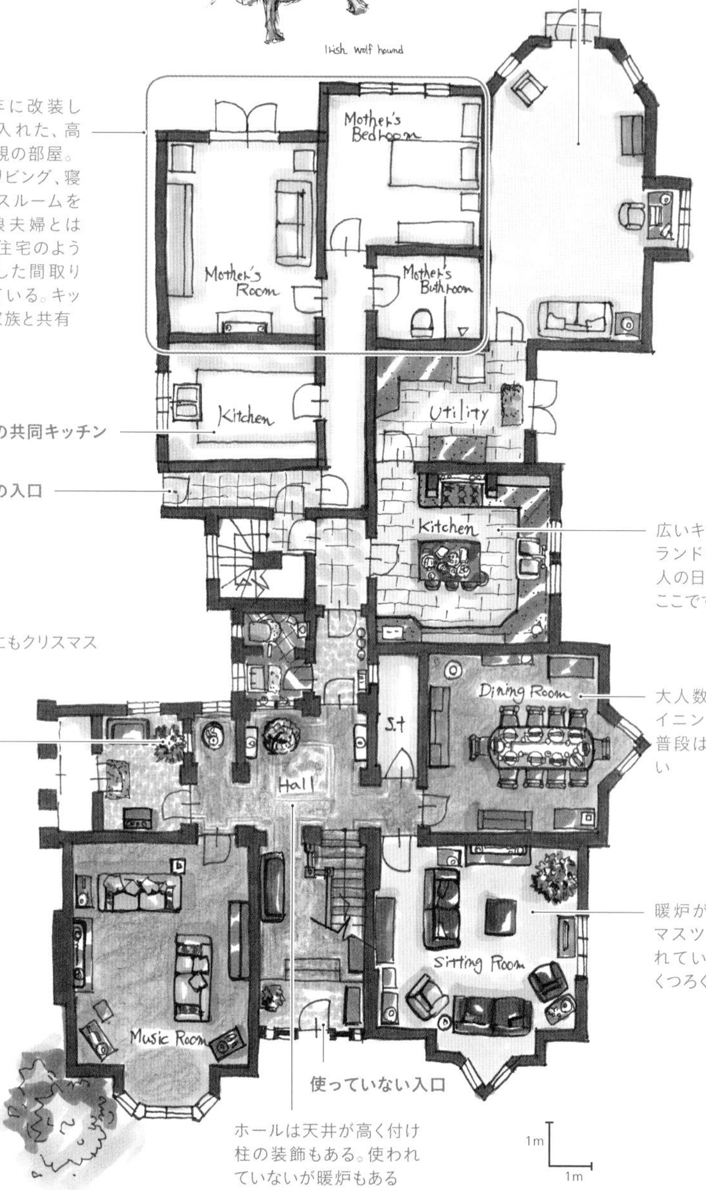

2010年に増築。仕事部屋に使っているが、犬の遊び部屋にもなっているらしい

2010年に改装して迎え入れた、高齢の母親の部屋。専用のリビング、寝室、バスルームを持ち、娘夫婦とは二世帯住宅のような独立した間取りになっている。キッチンは家族と共有

賃貸人の共同キッチン

賃貸人の入口

広いキッチン。アイランド型。夫婦2人の日常の食事はここでする

入口

風除室にもクリスマスツリー

大人数で集えるダイニングルーム。普段は使っていない

暖炉が灯りクリスマスツリーが飾られている。普段はくつろぐ部屋

使っていない入口

ホールは天井が高く付け柱の装飾もある。使われていないが暖炉もある

※2階は4ベットルーム、2シャワールーム、1バスルーム。奥の部屋は賃貸ルームとして貸している

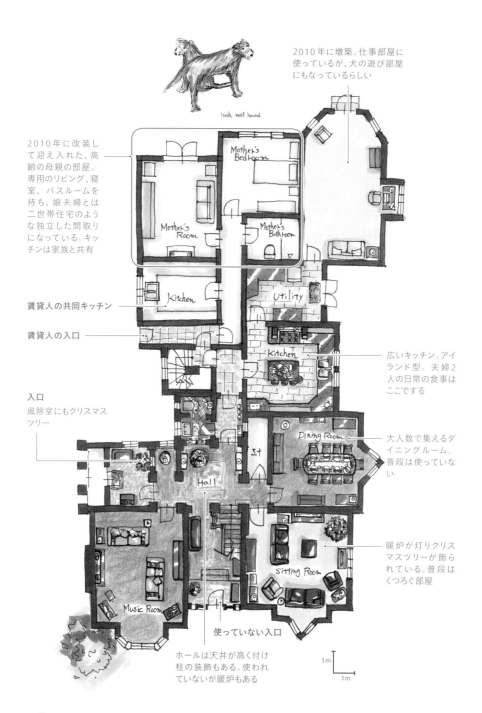

クリスマスの風景一例

クリスマスの夕方、隣人の家に泊まっていた私は、その家族とともにジョンの家を訪れました。入口のツリーと、ホールの階段のクリスマス装飾に胸を躍らせながら通されたのが「シッティングルーム」。すでに集まっていた家族が、暖炉とツリーのある部屋でシャンパンなどを片手に、スターター（前菜）を口にしながら談笑しています。ツリーの下には、持ち寄ったプレゼントを置きます。しばらくすると奥さんのキャロルが夕飯の準備ができたと呼びに来ました。私たちはキッチンのセンターテーブルに置かれた、バイキング形式のクリスマス料理を取り、ダイニングへと向かい着席します。ダイニングはすでにテーブルセッティングがされており、お決まりのクラッカー（P97）も置かれています。食事と会話を楽しんだあと、再びシッティングルームに戻り、プレゼントを交換。ツリーの下に置かれたプレゼントを開けて、中身をみんなで見ながら楽しみます。その後、隣のミュージックルームに移り、歌を歌ったりゲームをしたり、みんなで楽しみました。これは1家族の一例ではありますが、日常的に使われていない部屋もフル活用するのが、クリスマスなのです。

※ 通常、ツリーの下のプレゼントはクリスマスの朝に開けます

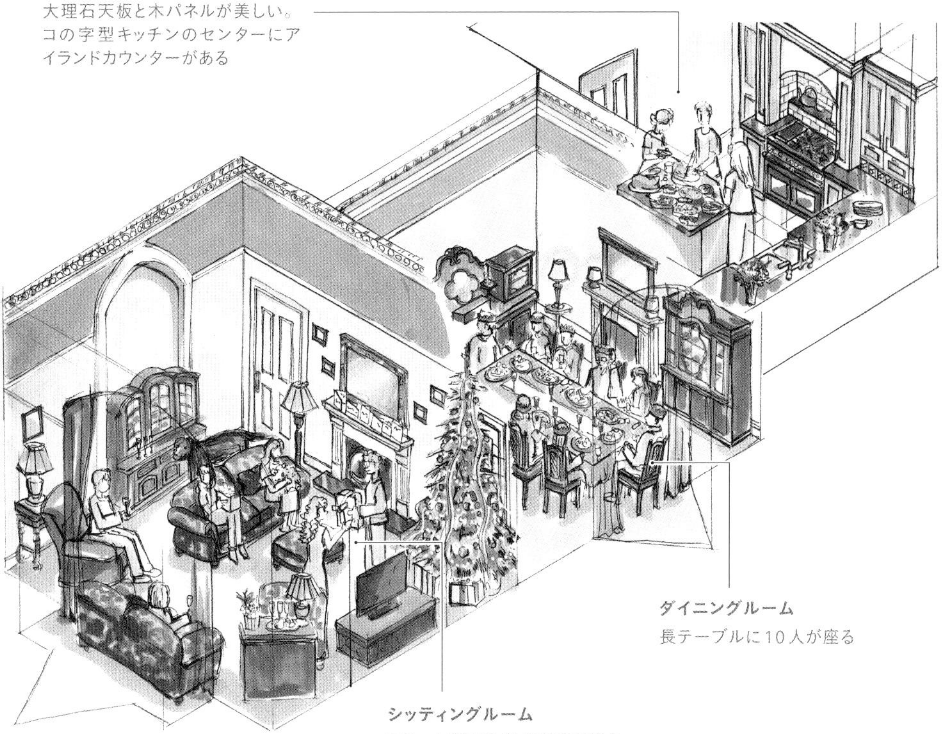

キッチン
大理石天板と木パネルが美しい。コの字型キッチンのセンターにアイランドカウンターがある

ダイニングルーム
長テーブルに10人が座る

シッティングルーム
ツリーと暖炉を囲み家族が集う

少し屋根が低くなっている部分
が築227年のオリジナル部分。
庭師のニールが手掛けた美しい
ガーデンが家を囲む

竣工：　1793年
様式：　農村の家
家の形態：デタッチドハウス
場所：　グランサム
家族構成：夫婦2人
購入理由：カントリーサイド
ガーデン：フロントガーデン
初訪問時：2013年

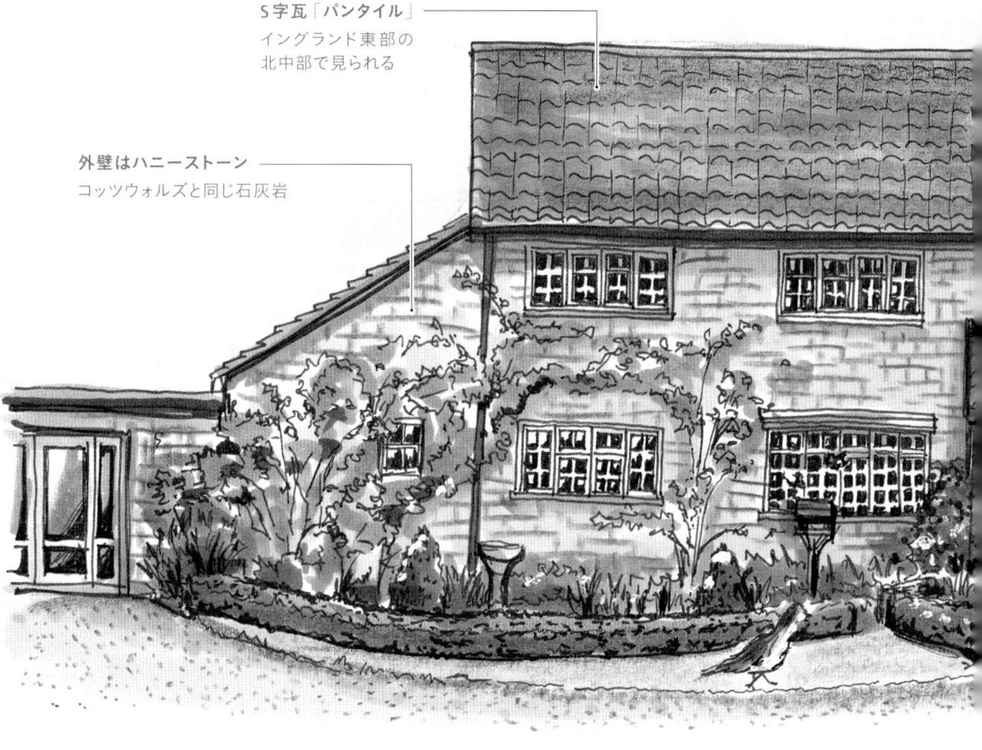
S字瓦「パンタイル」
イングランド東部の
北中部で見られる
外壁はハニーストーン
コッツウォルズと同じ石灰岩

ニールとパトリシアの家

カントリーサイドに住まう夫婦は、8年間日本に在住したことのある親日家で、ホームステイの受け入れもされており、クリスマスの時期に1週間お世話になりました。私がイギリスで初めてのクリスマスを体験させていただいたお宅です。サッチャー元首相の生誕地として有名なグランサムの近くのスキリントンという小さな村です。もとは雇われの鉄職人が住んでいた家だったといいます。築227年で、増築されています。

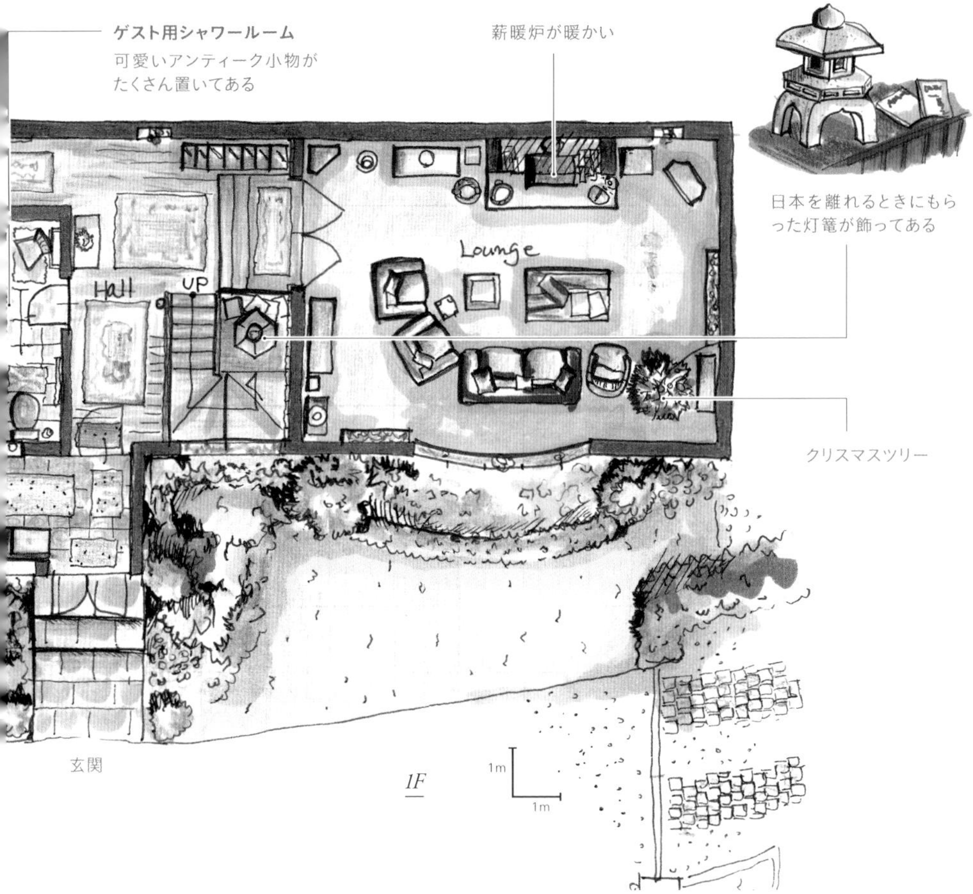

メモリーツリー

パトリシアが樅木《もみのき》林に出向き、切ってきた本物の木に、彼女と一緒にオーナメントで飾り付けをしました。飾り付けのポイントは、色を統一することでも、いかに美しく装飾するかということでもありませんでした。「これはおばあちゃんから譲り受けた物でね…」「これは旅行に行ったときに買った物でね…」「これは子どものときに…」一つひとつに思い出が詰まっているのです。飾りというよりも思い出をツリーに載せていく、そんな時間がとても温かく、できあがったツリーは、ほかとは代えがたいメモリーツリーとなるのです。

2階は4ベッドルームがあり、3部屋をゲストルームとして開放している

広いキッチンには、アンティークディーラーもしているパトリシア自慢の食器が並ぶ

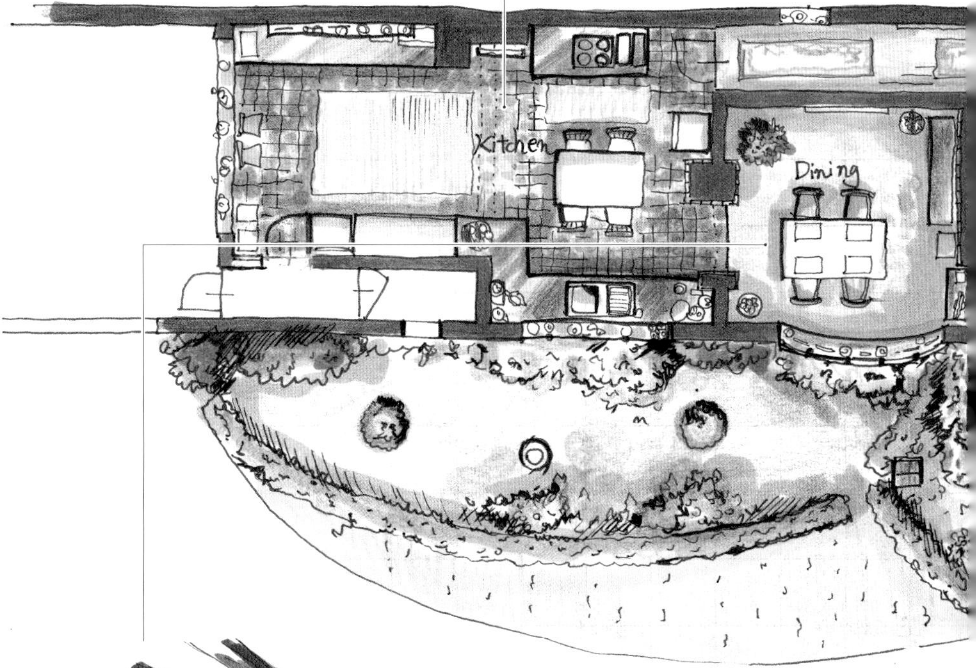

ダイニングルームにも小ぶりのクリスマスツリー、出窓から自慢の庭が見渡せる

クラッカーって？

イギリスでクリスマスのディナーの前に必ず行うのが「クラッカー」です。円陣を組み、隣の人どうしでクラッカーの両端を引っ張り合い、本体が付いてきた方が勝ち！　本体には紙でできた王冠が入っており、それをかぶって中に入っているクイズを読んで皆で楽しみます。クリスマスのテーブルには必ずこのクラッカーが添えられているのです。

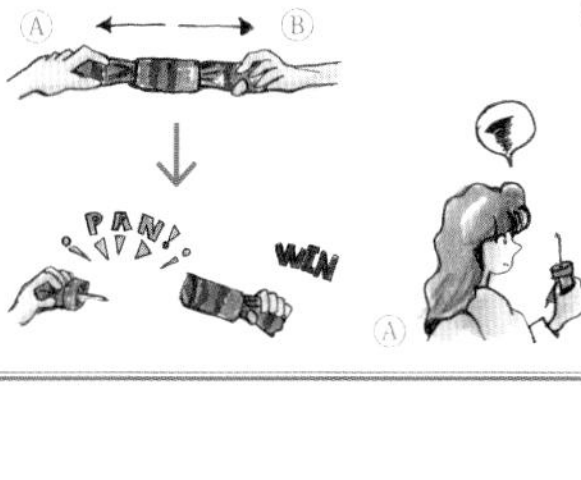

episode

06

ライフスタイル別イギリス人の住まい方

2組の職人が隣り合い成長し続ける家

セミデタッチドハウスは、通常、左右対称にデザインされます。しかし、この家の外観はアンバランスです。歴史を刻むなかで、何かしらの理由があったのではないかと想像が膨らみます。そんな違和感を解くのが、歴史のある家を見る楽しみなのです。

私は向かって左側のメアリーの家に、ホームステイとして2週間お世話になりました。メアリーにこの家の違和感を話すと、家の歴史が記された紙を持ってきて説明してくれました。彼女も歴史の片鱗が感じられるこの家が大好きなのです。

もとはデタッチドハウスとして1820年に建てられました。やはり一軒家だったのです。隣の家の玄関を中心にしたシンメトリーのデザインでした。最初の住人は、賭け事に勝ってこの家を手に入れたそうです。どういう人がどんな風に買ったのかまで記録に書かれていることに驚きます。そして1900年にこの家を売るときになかなか売れず、セミデタッチドハウスとして改装されたのだとか。

1軒は今の玄関を使用し、もう1軒はサイド側に玄関を取り付け、廊下とキッチンを拡張したのでした。それから2組の住居人を経て、1987年に左側をメアリー夫婦が購入、その3年後に右側をスー夫婦が購入し、今に至るそうです。

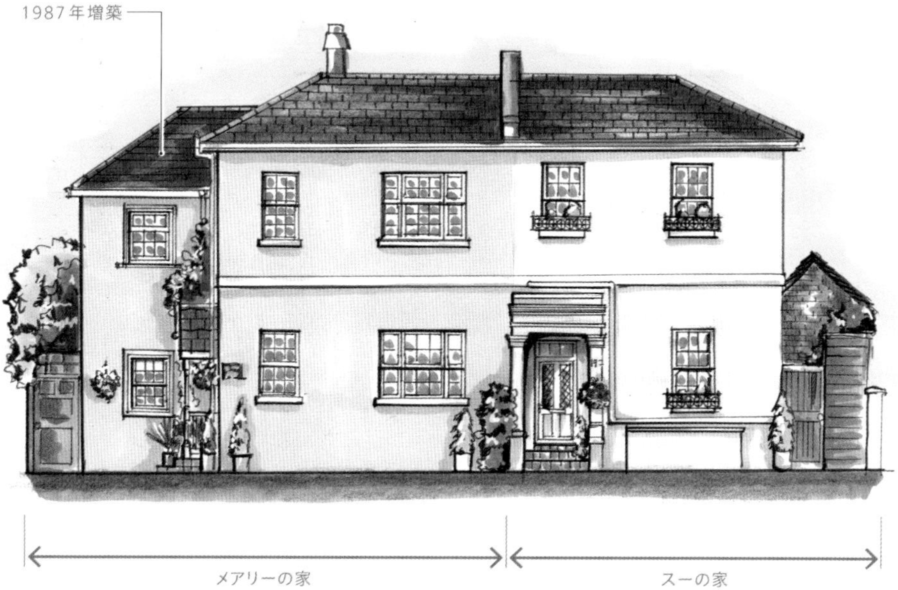

竣工：	1820年
様式：	リージェンシー様式
家の形態：	デタッチドハウス
場所：	チェルトナム
家族構成：	50代夫婦　ネコ
購入時期：	1987年
購入理由：	男の子3人で手狭になった
ガーデン：	年々つくり込まれて進化
初訪問時：	2013年

竣工：	1820年
様式：	リージェンシー様式
家の形態：	デタッチドハウス
場所：	チェルトナム
家族構成：	50代夫婦
購入時期：	1990年
購入理由：	子供ができたため
ガーデン：	メアリーの家の3倍
初訪問時：	2013年

1F

庭を一望できるサマーハウス

苗から育てるための温室

2018年
パーゴラができ、上に植物がつたい始める。物入も新調

2017年
屋根付きテラスだった場所をコンサバトリーに改装

1987年
ダイニングを1年がかりで、1からマイケル自らの手で増築

2015年
廊下・階段の腰板張り

1987年
複雑なビクトリアンモザイクタイルを夫婦で張る

2010年
バスルームだったが、クロークルームに改装

小道の奥にミラーを置くことで、庭がずっと続いているように見える

メアリーの両親の家にあったオレンジブロッサムの苗木から育った木

マイケルが幼少期に、父親の後ろに乗せてもらっていた自転車が、エクステリアとして置いてある

2013年
ウッドデッキをつくる

1820年当時のオリジナルの部屋は、フロントとバックのラウンジ部分だけ

2018年
壁の塗り替え、ソファーの取り替え。イメージチェンジ

2013年
ガスの暖炉から薪暖炉に変更

1m
1m

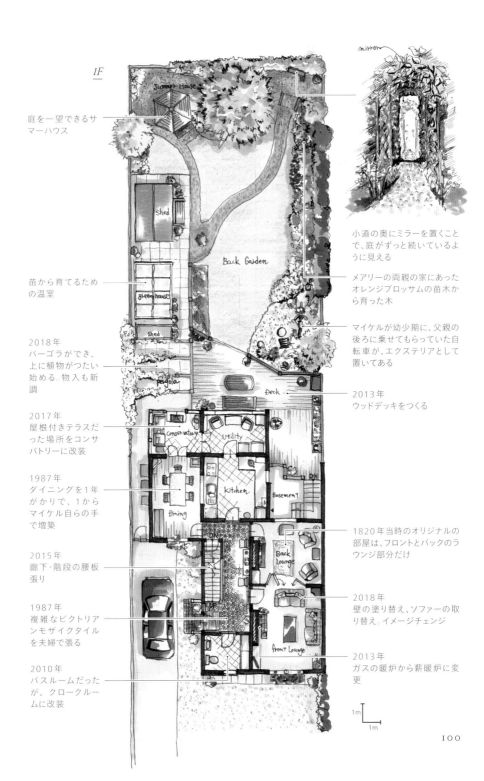

メアリーとマイケルの家

大工である夫マイケルの手で、改装を重ねてきました。この家には地下もあり、大工道具と現場で余った建材や素材が、山のようにストックされています。妻メアリーの趣味はガーデニングと料理。春から夏にかけては毎日数時間、ガーデニングにいそしみます。小道の奥に鏡を置いて庭を広く見せるトリックなど、さまざまな工夫が施されており、変化に富んだ美しいイングリッシュガーデンとなっています。室内に飾られている絵や物は、2人の想い出の品ばかり。ラウンジの暖炉の上に飾られた、何気ないチェルトナム市街地の絵は、2人が出逢った場所とのこと。そんな絵が、いつも2人がくつろぐ部屋のセンターに飾られており、暖炉以上に温まります。

暖炉の上には想い出の絵が飾ってある。暖炉脇のカップボードはマイケルのお手製

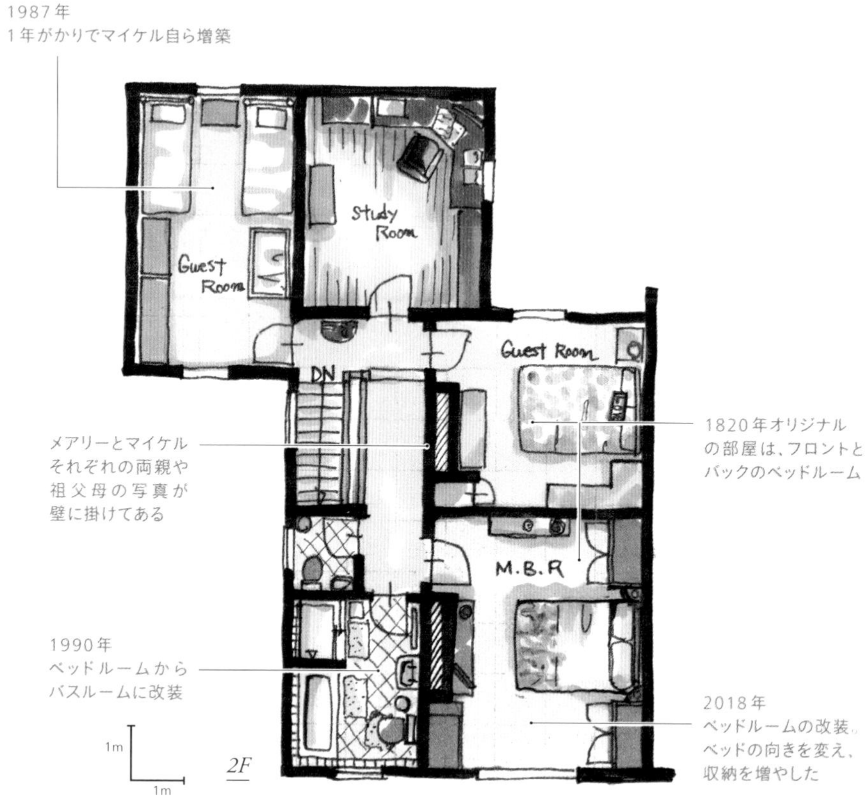
1987年
1年がかりでマイケル自ら増築
Guest Room
Study Room
Guest Room
DN
メアリーとマイケル
それぞれの両親や
祖父母の写真が
壁に掛けてある
1820年オリジナル
の部屋は、フロントと
バックのベッドルーム
M.B.R
1990年
ベッドルームから
バスルームに改装
2018年
ベッドルームの改装。
ベッドの向きを変え、
収納を増やした
1m
1m
2F

メアリーとマイケルの家（2階）

2階は3人の息子の部屋でしたが、それぞれ独立して現在は家にはいません。しかし長男夫婦の家が近くにあり、孫を連れてよく遊びに来ます。メアリーは常に家に対して「次はあれをこうしたいわ♪」というアイデアであふれており、マイケルに伝えます。私が知り合ったのは2013年で、それから7年が経ちますが、そのときにメアリーが語っていた「やりたいこと」が毎年かなえられていることに驚きます。仕事でなかなか進まなかった改装計画も、そろって定年退職したこともあり、ここ数年は加速しているようです。

スーとクリスの家

壁を隔てた右側に住むのは、メアリー夫婦と年齢も近いスーとクリスの夫婦。同じく息子が2人いますが、独立して近くに住んでいます。この家を夫婦はオークションで手に入れました。購入当初はボロボロで、住める部屋は2部屋程度だったそうです。1部屋ずつ自分たちで改装して、住めるようにしていきました。1階のシッティングルームとゲストルームは、もとは1部屋だったのですが、購入する前の住人が2部屋に分けてしまったのだとか。ゲストルームをなぜこの場所に置いたのかは謎ですが、スーたちはそのまま使っています。シッティングルーム1と2は、飽きるため5年ごとに家具を置き替えて模様替えをするとのこと。趣味の裁縫でカーテンやクッションなどを設え、部屋に温かみをもたらしています。

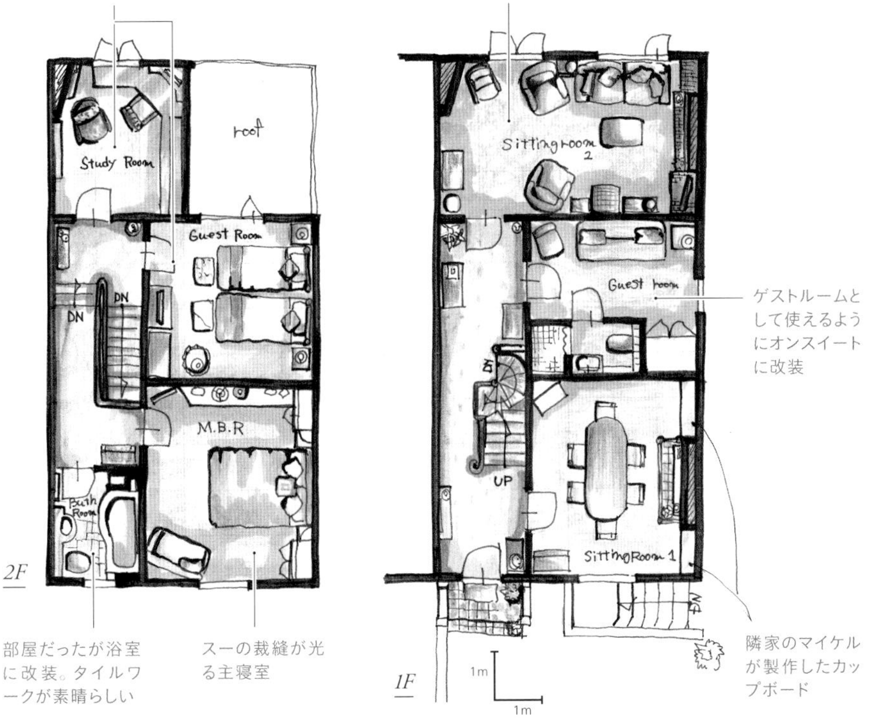
2人の息子の部屋だった
バックガーデンがよく見える家族の集まる部屋

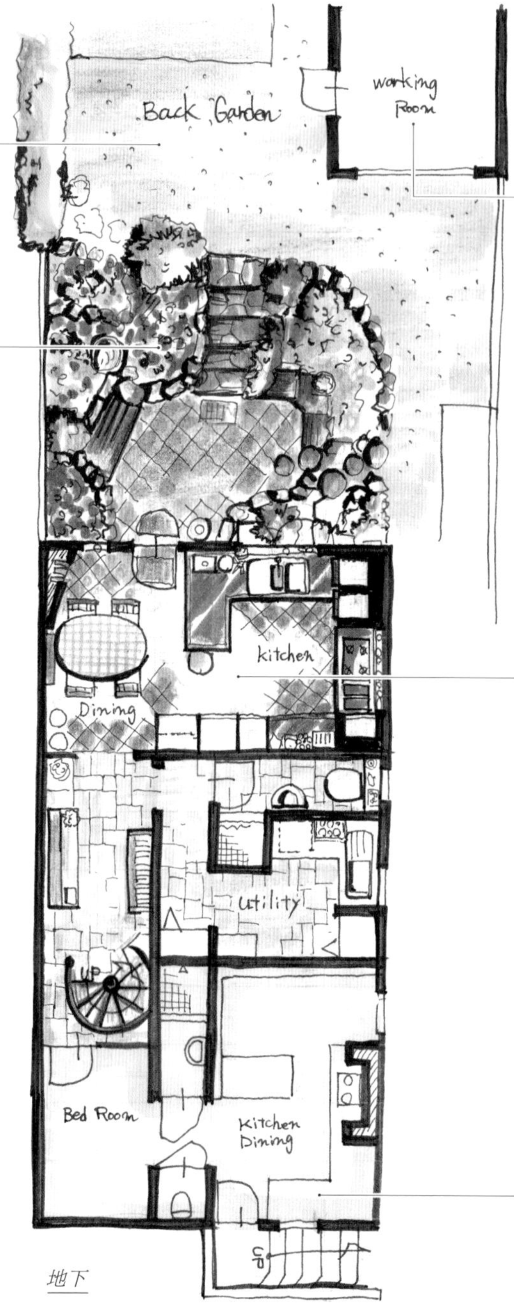

地下

庭は家の5倍程の広さがあり、奥へと広がっている

地下から地上階に上がる。傾斜を生かしたロックガーデンが、室内から見えて美しい

クリスの仕事部屋。広い庭であるため別棟として建てた

天井は低いが庭からの光が差し込み明るい、自慢のキッチンダイニング

地下のフロント部分の2部屋はB&Bとして貸している

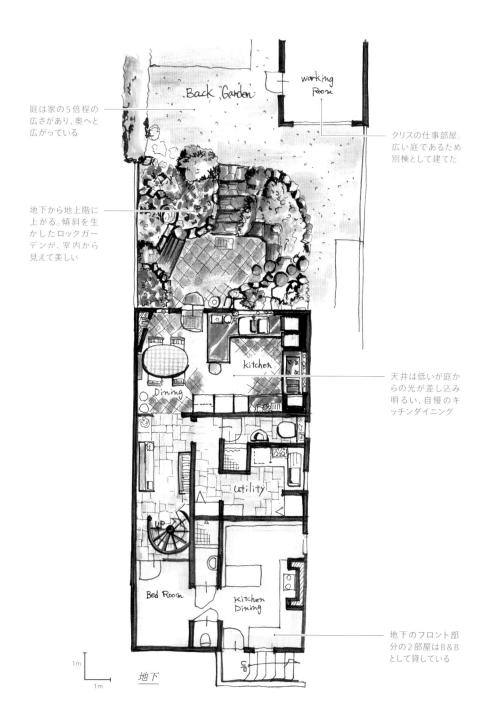

コンロとシンクの前には、ヒマワリがポイントのかわいらしいタイルが張られている

スーとクリスの家（地下）

隣家のマイケルは、地下を完全な仕事用倉庫にして日常と切り離していましたが、スーの家では地下も家族の居室として使用しており、一部をB&B（ベッド&ブレックファーストという名の部屋貸し）として運営しています。タイル職人であるご主人のクリスが4カ月もかけてつくったキッチンは、自慢の部屋です。バックガーデンに出られるのは、地下のダイニングからで、ロックガーデンを上って地上のガーデンにつながります。ロックガーデンの石はクリスが運んで積み上げました。その少し独特なガーデンへのつながり方は、キッチン・ダイニングから見える景色を印象的なものにしています。元々1つだったのが2軒に分けられた家。今は職人の夫を持つ2組の夫婦によって日々大切に育てられ、引き継がれています。

episode

07

ライフスタイル別イギリス人の住まい方

築400年の家に住む

イギリスには築何百年という家が普通に存在し、当たり前のようにそこで人が生活を営んでいます。長い年月を暮らし継いできた家にはどんな人がいて、どのように住んでいるのでしょうか。

　藁葺き屋根は年月を重ねた古い民家に多く見られ、イギリス全土で見ることができます。昔からあるこの工法には、イングランド西部のノーフォーク地方で採れる藁が使われていましたが、近年は東ヨーロッパからの輸入品が多いそうです。屋根のトップである棟は2重に施され、小枝を使った装飾模様で仕上げられています。そのデザインを見れば、手掛けた職人が誰か分かるとされており、職人たちの腕の見せ場となっています。たまに、藁でつくった動物が棟に載っているのを見かけます。昔は藁葺きの未払いの印だったという藁人形には、猿、鳥、キツネ、ふくろうなどがあり、今ではあえて載せて見る者を楽しませてくれています。

　ここでは藁葺き屋根に住むスーの家を紹介します。２０１５年に出会ったとき、彼女は5年後に屋根を葺き替えたいと言っていました。前回葺き替えてから約40年が経過し、かなり朽ちていたのです。

　２０１９年の夏に6週間かけて総葺き替えをしました。金色に輝く新しい藁は、次の世代へと受け継がれていきます。

スーの家

ハーフティンバーのコテージ。天井が低いのですが、背の低い彼女にはちょうどよいとのこと。外壁は、枡目ごとに塗装ができて作業しやすいため、自らメンテナンスを行い美しく保っているそうだ。

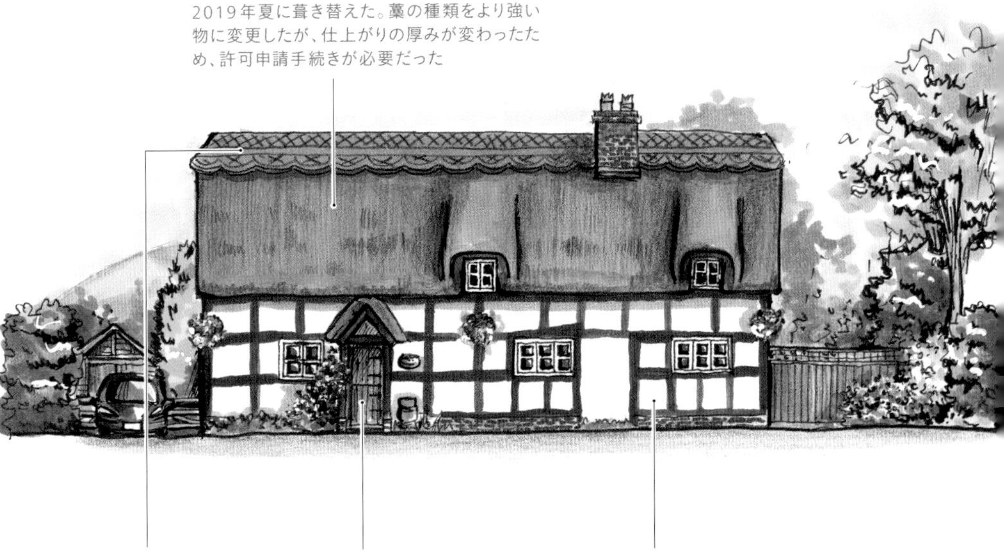
藁葺き屋根。棟は2重仕上げで、防水が強化されている。装飾性も豊か
ステーブルドア（P125）
木軸の間は小枝編みと辻壁塗りを下地とし、漆喰塗装されている

竣工：　1624年
様式：　エリザベサン・ジャコビアン様式
家の形態：コテージ　（リスティッドビルディング　グレードII）
場所：　グレート・モーバン
家族構成：女主人　娘　犬2匹
購入時期：1993年
購入理由：仕事の関係
ガーデン：家の年数と同年数成長した大きな木の沢山ある庭
初訪問時：2015年

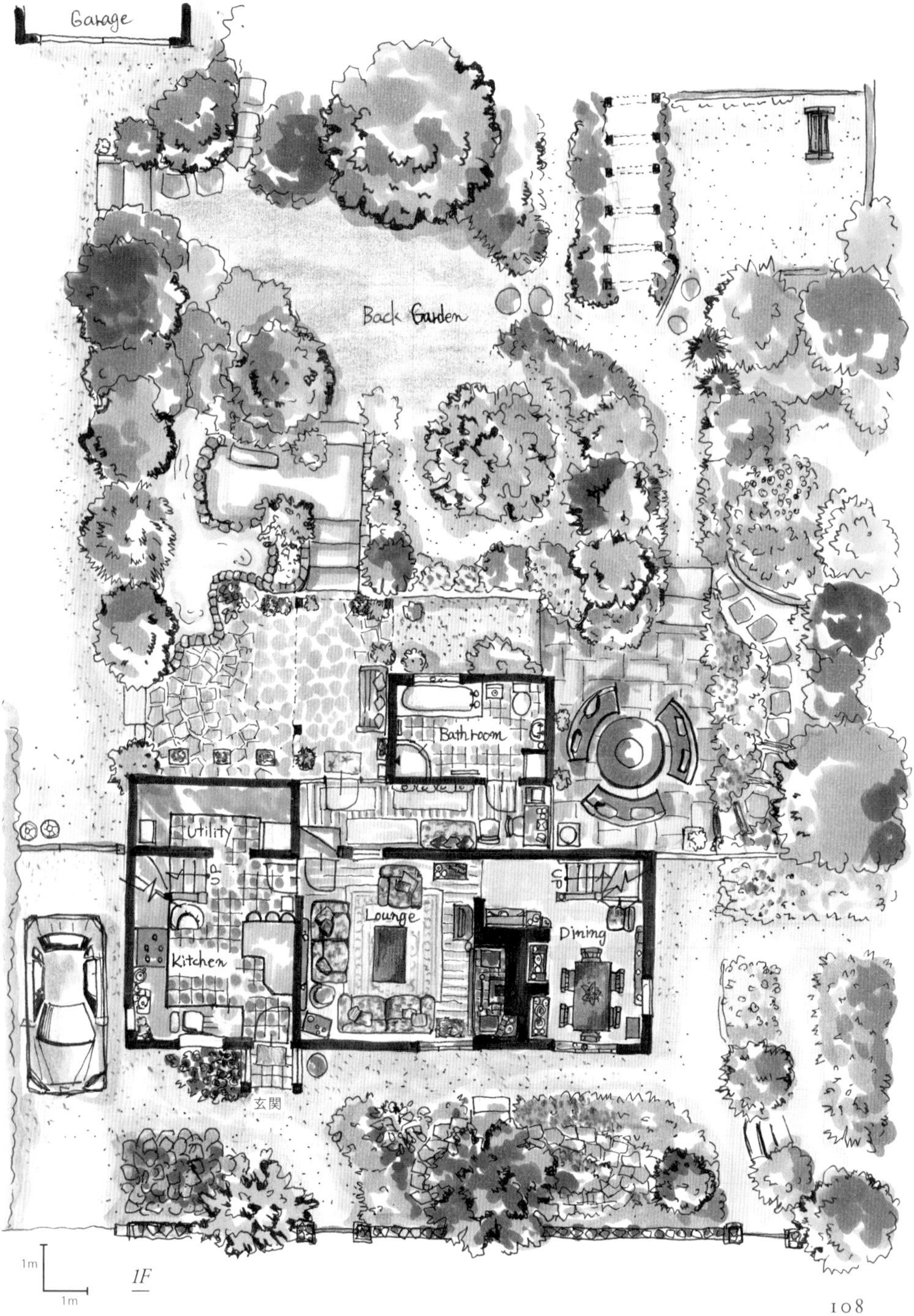
Garage
Back Garden
Bathroom
Utility
UP
UP
Kitchen
Lounge
Dining
玄関
1m
1m
1F

歴史ある家を受け継ぐということ

1階の3部屋と2階がオリジナルの部屋で、小さな家なのに階段が左右2つある、不思議な家です。もとは2つの家族が左右に分かれて住んでいたため、階段が2つあるのだとか。ラウンジからの廊下とバスルームは、後に増築されました。バックガーデンに出ると、今まで見てきた庭とはまったく異なる風景が広がっていました。とにかく生えている木が多くて大きいのです。うっそうとして全貌が見渡せない森のような庭を、犬たちが元気よく走り回っていました。庭の手入れが本当に大変で、家にいるときはガーデニングにかかりきりとのこと。家が建った当時の家主は、領主が狩に使う犬を管理する役割を担っていたそうで、現在でもコテージには「クランバースパニエルの家」という名前が付いています。そして家を誇りに思うスーも、同じ犬種を飼っています。

玄関に入ると、いきなりキッチン。可愛くて素敵な設え

ラウンジには大きな暖炉。可愛いアンティークの小物や雑貨がいっぱい飾ってある

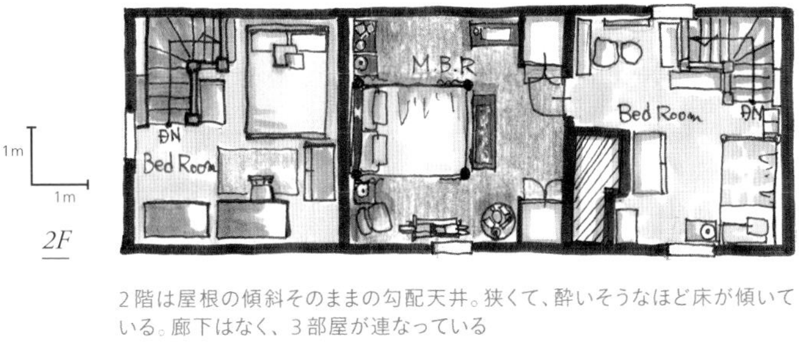

2階は屋根の傾斜そのままの勾配天井。狭くて、酔いそうなほど床が傾いている。廊下はなく、3部屋が連なっている

ウノの家

街中に住んでいた夫婦でしたが、田舎暮らしに憧れをもっていました。奥様のウノは音楽家で、バイオリニスト。周囲を気にすることなく弾ける環境を求めていました。徒歩圏内にパブもあり、終の棲家にしたいと思うほど、家も環境も気に入っています。

木軸の間はレンガで埋められ、塗装されている

1960年に増築された玄関

竣工：　1500年代
様式：　チューダー
家の形態：コテージ
場所：　グレート・モーバン
家族構成：50代夫婦
購入時期：2005年
購入理由：周囲に家がない郊外・パブが徒歩圏内
ガーデン：自然のなかに家がある雰囲気
初訪問時：2015年

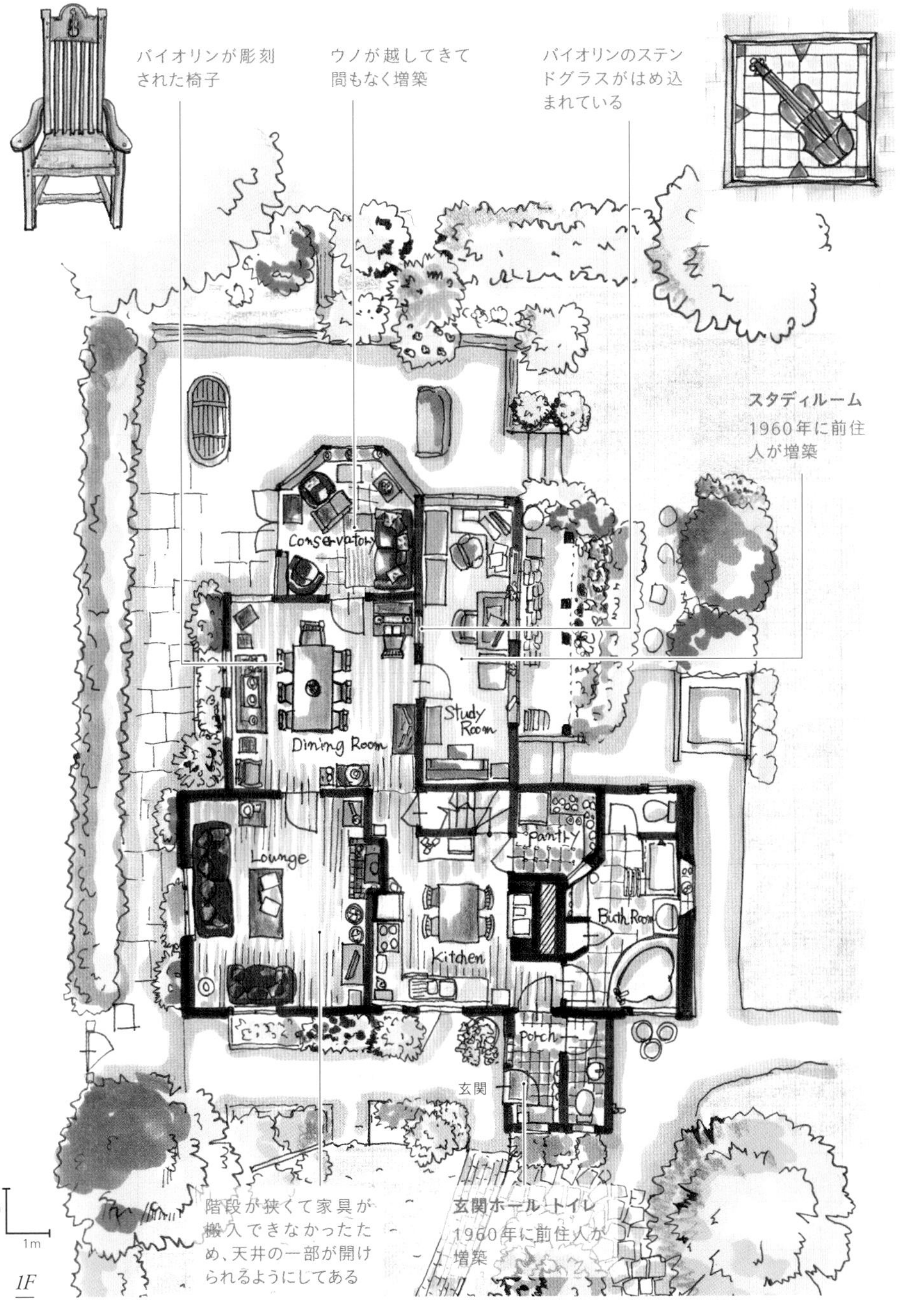
バイオリンが彫刻された椅子
ウノが越してきて間もなく増築
バイオリンのステンドグラスがはめ込まれている
スタディルーム
1960年に前住人が増築
Conservatory
Dining Room
Study Room
Lounge
Kitchen
Pantry
Bath Room
Porch
玄関
1m
1m
1F
階段が狭くて家具が搬入できなかったため、天井の一部が開けられるようにしてある
玄関ホール・トイレ
1960年に前住人が増築

1階のバスルーム。昔からの装いのなかに近代的設備が並ぶ

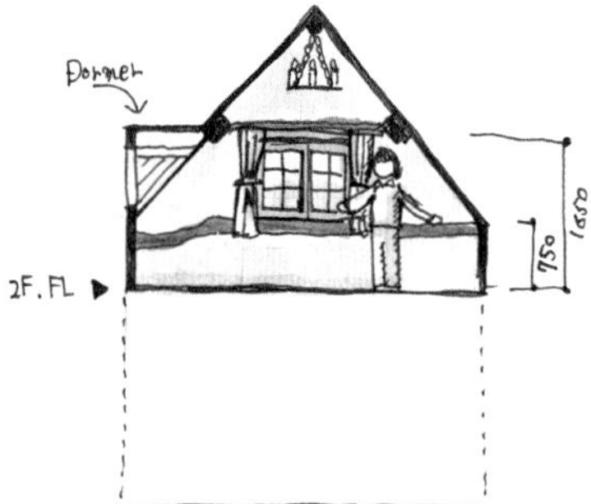

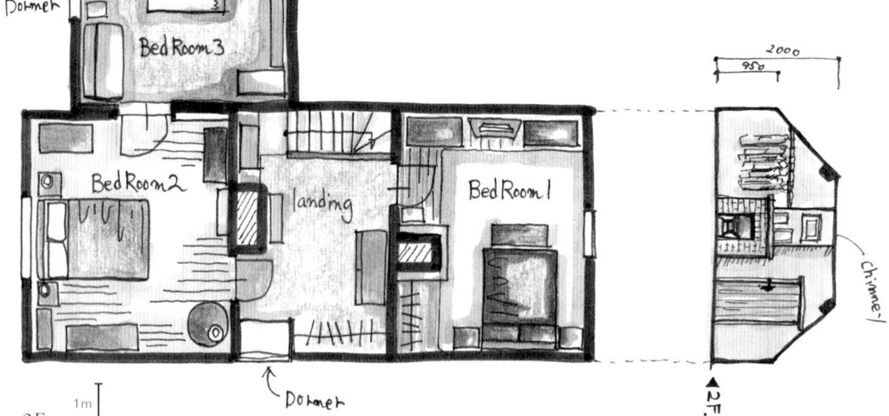

2階は屋根なりの勾配天井。ドーマーから明かりを採る

ウノの家

建物当時のもとの部分は、ラウンジ、キッチン、バスルームとその上の2階の3部屋です。もとの間取りに関してはどことなく107pでに紹介したスーの家と似ています。その後の住人によってダイニングルームが増築され、1960年には書斎が増築されました。ウノ夫婦が増築したのは、ガラスで囲まれたコンサバトリーのみです。コンサバトリーのガラス屋根越しに見る空は美しく、奥様のお気に入りです。バイオリンをモチーフにした飾りや家具が家中に散りばめられ、心地よい空間が広がっています。

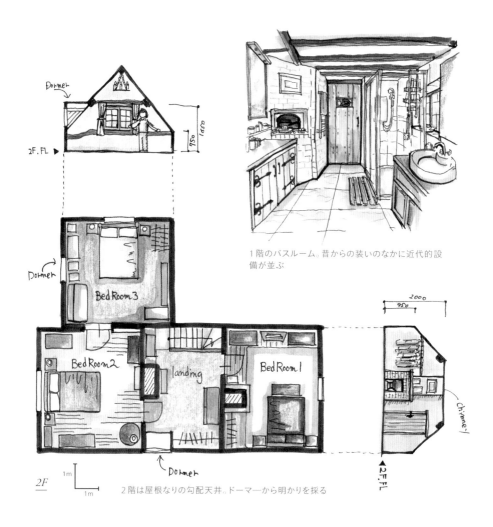

ジェニーの家

町から少し離れた田舎。医者であるジェニーは、自然に囲まれたシンプルな暮らしが心地よいそうです。敷地中央に、築約500年の家があります。大きくは3期に渡って増築されています。古い家は何度も増築されているので、建物の時代分類が難しいです。

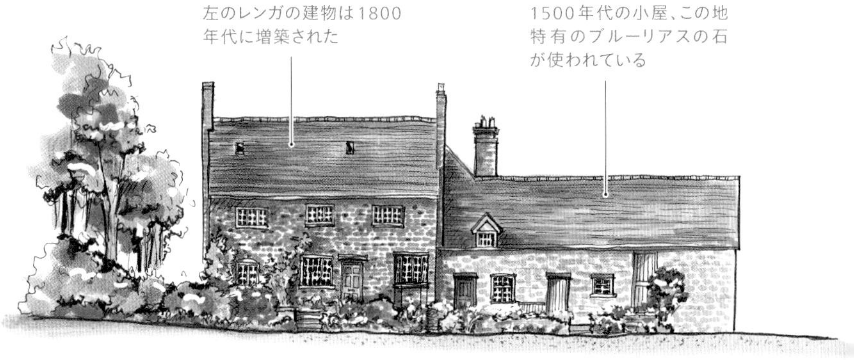
左のレンガの建物は1800年代に増築された
1500年代の小屋、この地特有のブルーリアスの石が使われている

裏から見た建物。複雑に増築されている

竣工：	1500年代
様式：	チューダー（オリジナル部分）
家の形態：	デタッチドハウス
場所：	ビッド・フォード・オン・エイボン
家族構成：	女主人・長女（大学）長男（大学）次女（学生）
購入時期：	1994年
購入理由：	仕事場が近い・緑豊かな広い庭
ガーデン：	家の10倍の大きさはあると思われる 野菜畑、大きなグリーンハウス、ツリーハウスもある
初訪問時：	2015年

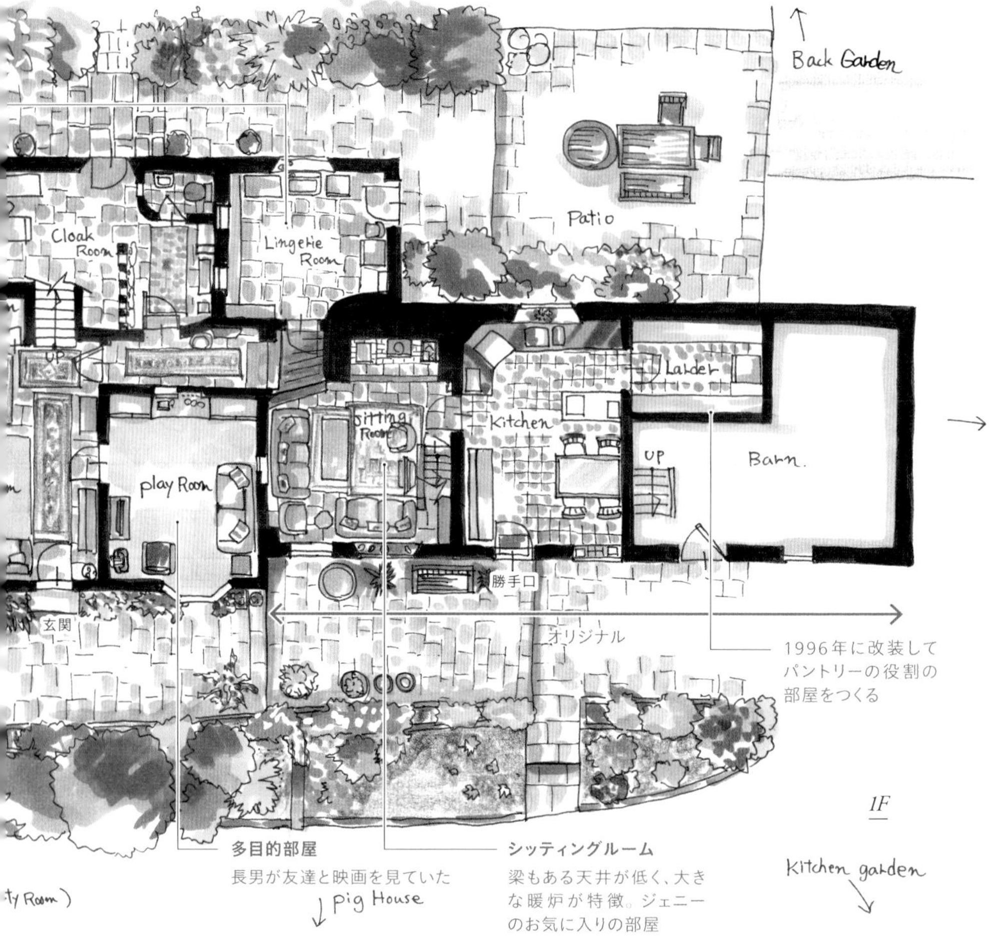

間取りは歴史

増築を重ねた家の間取りは複雑ですが、それだけに先人たちが何を考えて増築していったのか、思いを馳せることができて楽しめます。ジェニーが改装したのは、キッチンの天井を高くすることと、パントリーをつくること。キッチンの上の小屋裏は使用しないため、壊して天井を高くすることができました。高くなった壁にはジェニーがステンシル画を描き、空間を引き立てています。ほかの部屋は、子供たち3人を含めて自由に用途分けをして使っています。大きな敷地のど真ん中に家があり、広い芝生の庭、グリーンハウスやツリーハウス、畑も持ち、ブタや鶏も飼っています。庭の管理は大変で、日が暮れてからも懐中電灯を頭に付けて作業することもあるそうですが、苦にならないといいます。

洗濯物が部屋干しされている

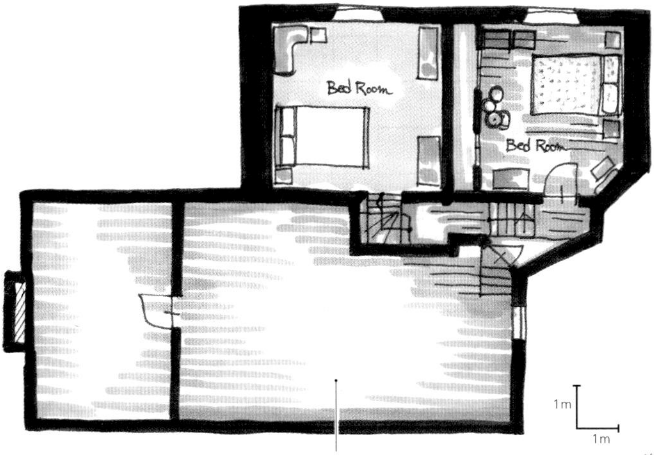

小屋裏

使われていない小屋裏収納

次女が勉強していた

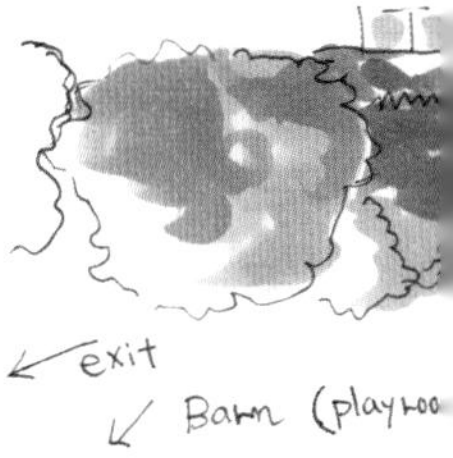

2009年に改装

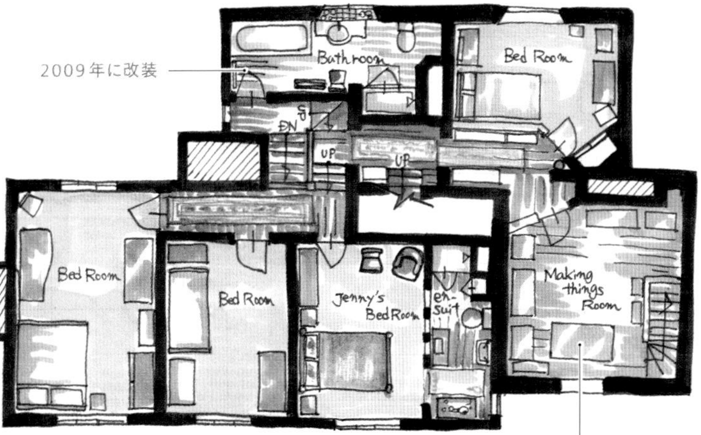

2F

趣味の部屋
絵を描いたりしている

Pig & Chicken

episode

08

ライフスタイル別イギリス人の住まい方

家と庭とのつながり

イギリスの庭といえば「イングリッシュガーデン」を思い浮かべる方が多いことでしょう。イングリッシュガーデンは規則正しく整備されたものではなく、変わりゆく自然の美しさを念頭に入れて、風景に溶け込むように計算された庭です。

イギリスの庭は、大きさや規模はさまざまですが、フロントガーデンとバックガーデンが存在します。フロントガーデンは家の正面を飾り、行き交う人や訪問者を楽しませます。バックガーデンは、外部からは見えないプライベートな庭で、サプライズ感があります。

家を引っ越した理由をイギリス人に聞いて返ってきた答えの多くが、「前の家の庭が狭かったから、広い庭が欲しかった」など、庭に対する要望でした。休日に何をしているかという質問にも「ガーデニング」という答えが多く、家と同様に庭も大切な場所なのだと感じます。

ガーデニングシーズンである春から秋にかけては日が長く、6月には朝4時ごろから夜10時ごろまで明るさがあります。仕事前や終業後に園芸作業ができる環境にも恵まれているのです。雨が多く冬も長いイギリスでは、屋外でガーデンを楽しめる時期は限られます。そのため、室内からガーデンをいかに楽しむかが重要で、室内と屋外のつながり方も大切にします。

イービーの家

ガーデニングを楽しむ生活をしたくて、イービーはこの家に越してきました。1日の移り変わる日の光とともに、移動できるように居場所をつくり、外に出られない日も庭を感じられるように、室内も改装しました。

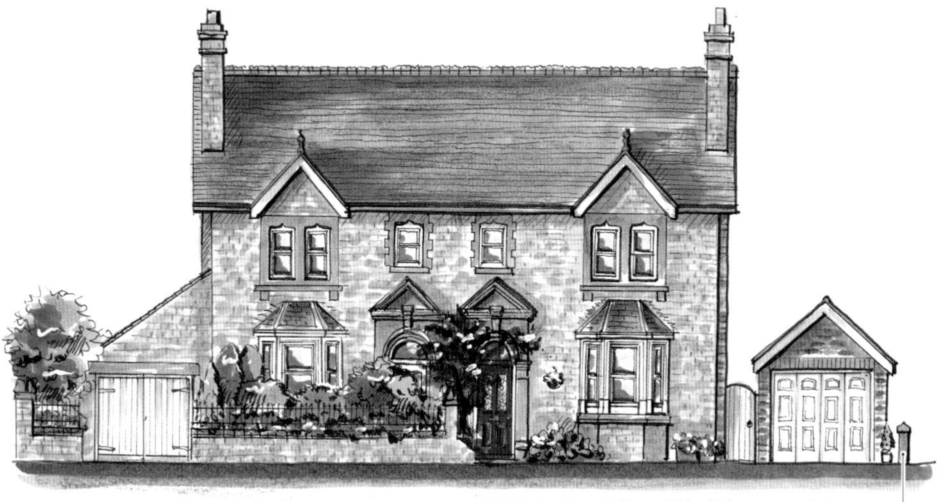

ビクトリア女王即位60周年「ダイアモンドジュベリー」と刻印された貴重なレンガ。家の自慢

イービーの家

竣工：1897年（ビクトリア女王即位60周年の年）
様式：ビクトリアン
家の形態：セミデタッチドハウス
場所：グレート・モーバン
家族構成：50代夫婦　子供2人は独立　犬2匹
購入時期：1993年
購入理由：求めていた家とガーデンの大きさ
ガーデン：モーバンの丘が見える
初訪問時：2015年

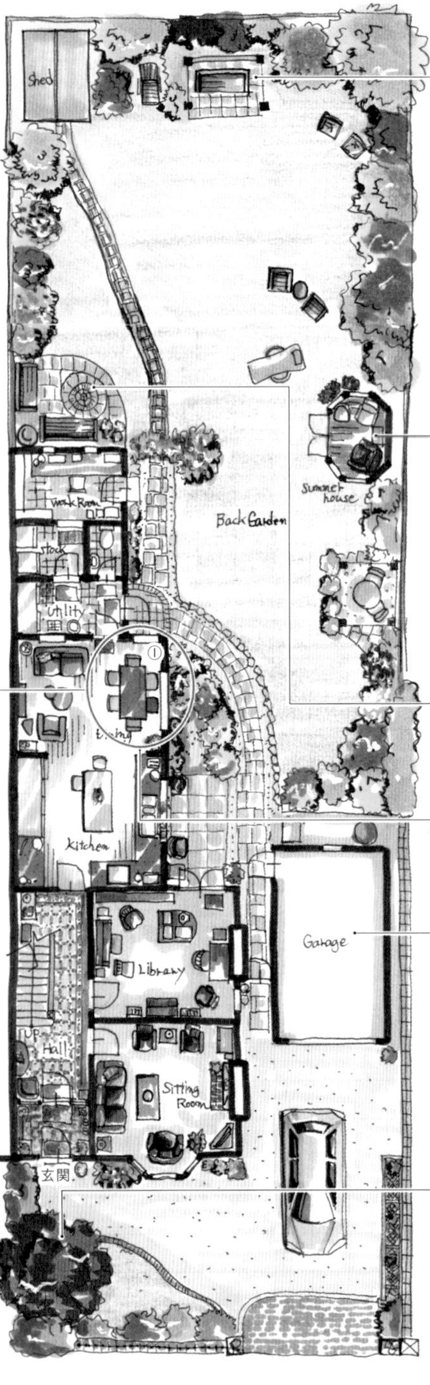

パーゴラ

昼のベストポジション

サマーハウス

庭に設けられた小さなログハウス。イギリスは暑い日でも湿度が低いため、日陰に入ると涼しい。家から離れた別空間から庭を楽しめる。イギリスでは、ある程度の大きさをもつ庭には高確率で見かける。デザインも大きさも多種多様。イーピーはお茶と読書を楽しむ

テラス

朝のベストポジション。「モーバンヒル」に朝日が当たり美しい

家にいるときのベストポジション

購入してすぐに設けた窓①によって、庭への見え方は各段に変わった

ガレージ

ガーデンの景色の一部として見えるガレージは、2012年に景観に合うようにレンガ造りに改装

フロントガーデンにあるシンボルツリーの紅葉。イーピーの大好きな木

1F

1m
1m

ダイニングキッチンから見えるガーデン。庭の最奥のパーゴラが、バラのアーチ越しに見える

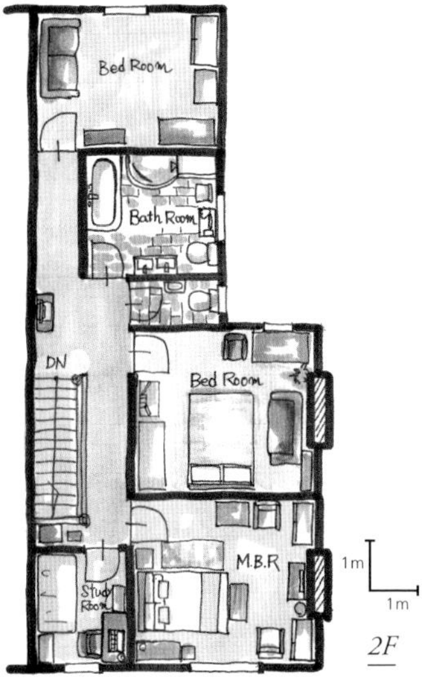

部屋に庭を取り込む

2015年にはじめて訪問したとき、ダイニング・キッチンは別々の部屋でした。ダイニングテーブルの位置は当時から変わらず、イービーにとって一番のお気に入りの場所です。引越したときに壁だった場所に、ガーデンの奥行方向が眺められるように窓（P118図示①）を設けました。そして2018年に、庭の広がりが一層感じられるように、ダイニング・キッチンをオープンプランにして、広いモダンな空間に改装しました。自慢の庭を家のなかにどうやって取り込むのかは、とても重要なことなのです。

episode

09

ライフスタイル別イギリス人の住まい方

コンサバトリー

家とガーデンをつなぐ空間としてイギリスで最も重宝されているのが「コンサバトリー」です。「コンサバトリー」とは、ガラスの壁や天井で囲われたサンルームのような部屋のことです。18世紀ごろ、南欧から持ち帰った珍しい植物を保存する目的でつくられた温室に由来します。その後、英国貴族の間でステータスとして流行しました。やがて、庶民の居住空間にも取り入れられるようになったのです。雨や曇りの日が多いイギリスでは、日光が貴重です。室内に居ながら、ガラス越しに日の光を採り入れられる空間は魅力的です。また、ガーデンライフを楽しむイギリス人にとって、室内から庭を存分に楽しめる空間は憧れの的なのです。

コンサバトリーは増築の申請手続きが不要です。そのため、バックガーデンにコンサバトリーを増築している家をよく見かけます。

コンサバトリーの部屋としての役割は、セカンドリビング、ダイニング、ユーティリティとさまざま。その家に合わせて、形やデザインを自由に設計できるのです。そんなコンサバトリーがあることで、住空間はより充実したものとなります。ただし「エコ」が求められる最近は、夏に暑く冬寒いコンサバトリーは熱効率が悪いため、屋根をガラス以外にすることが推奨されています。

ニッキーとポールの家

1797年から歴代の住人による増築を重ね、ガーデンを囲うようにL形の家に成長したコテージ。現在の住人であるニッキーとポールが、2002年にコンサバトリーを増築しました。ご主人のポールの職業は庭師。手入れされたガーデン越しに、隣地の農園の羊たちが自由に過ごす景色が広がる、自然豊かな環境です。そんな美しい景色を存分に楽しむため、コンサバトリーをキッチンの横に配し、ダイニングルームの役割を担っています。家庭菜園で採れた食物を、自慢のガーデンを眺めながら食すことで、心が満たされるそうです。

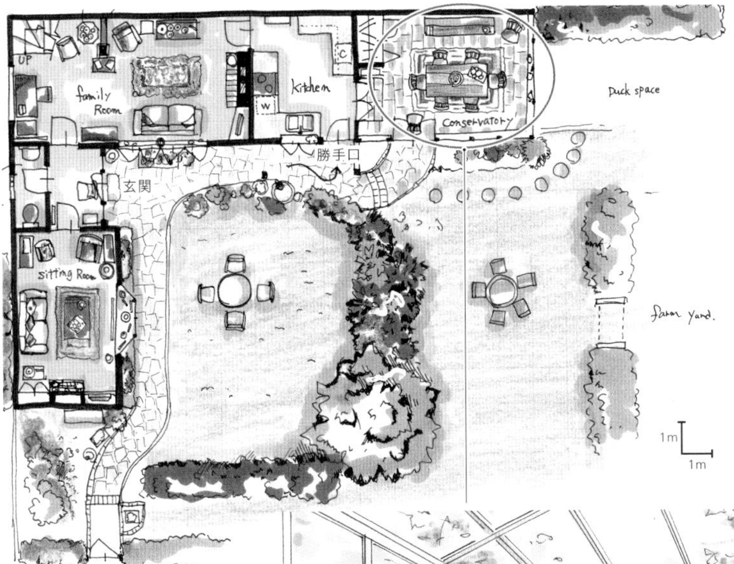

コンサバトリーからガーデンの全貌が見え、室内に居ながら景色を楽しめる

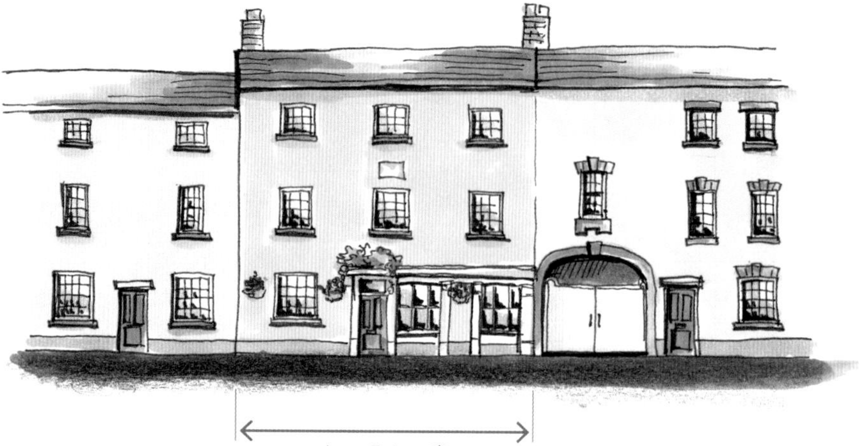

キャロラインの家

室内から見たコンサバトリー

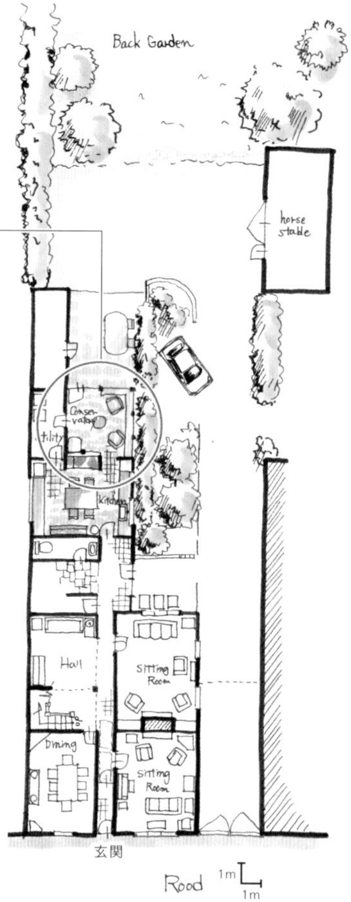

キャロラインの家

オルセスターという中世の建物が残る街並みにある教会の裏手の家に住むキャロライン。街中にあるためフロントガーデンはなく、いきなり玄関です。建物の一番古い部分はチューダー時代。築約400年の歴史ある建物です。歴代の住人によって建物の前後に増築された奥行きのあるテラスで、外観はジョージアン様式です。キッチンからコンサバトリーを通ってバックガーデンに出られるようになっており、バックガーデンは家の幅で奥行き方向に伸び、川まで続いています。その細長い家とガーデンをつなでいるのが、コンサバトリーです。この家にはキャロライン老夫婦が住み、キッチンとコンサバトリーで過ごすことが多いそうです。

バックガーデンから見たコンサバトリー

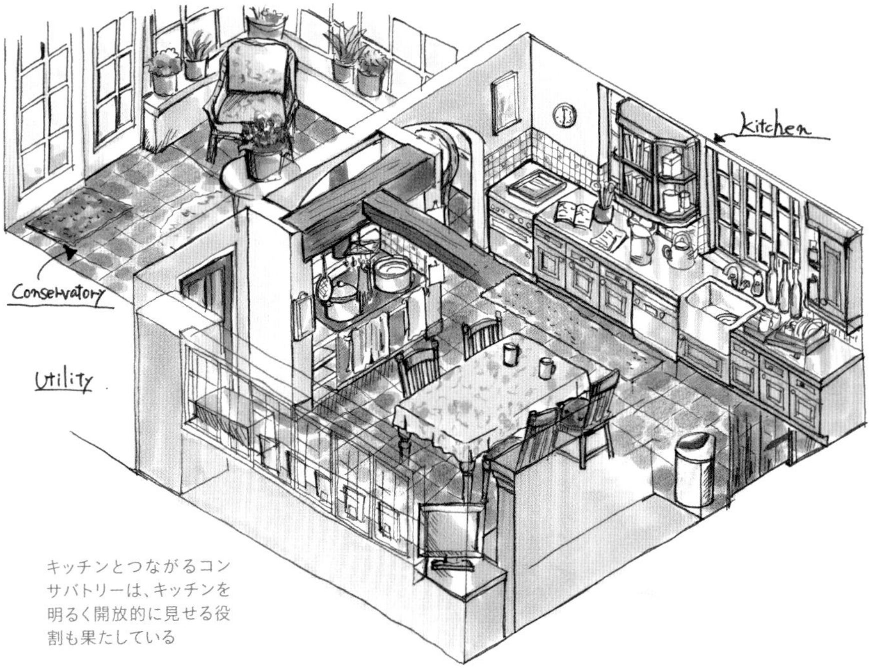

キッチンとつながるコンサバトリーは、キッチンを明るく開放的に見せる役割も果たしている

column

バックガーデンアイテム

イギリスのガーデンで、日常品としてよく見かけるアイテムを紹介します。
ガーデンは草花を楽しむ役割だけではなく、洗濯物を干したり、
家族で過ごす場としても活躍します。
そしてガーデンにはたくさんの生き物が遊びに来ます。

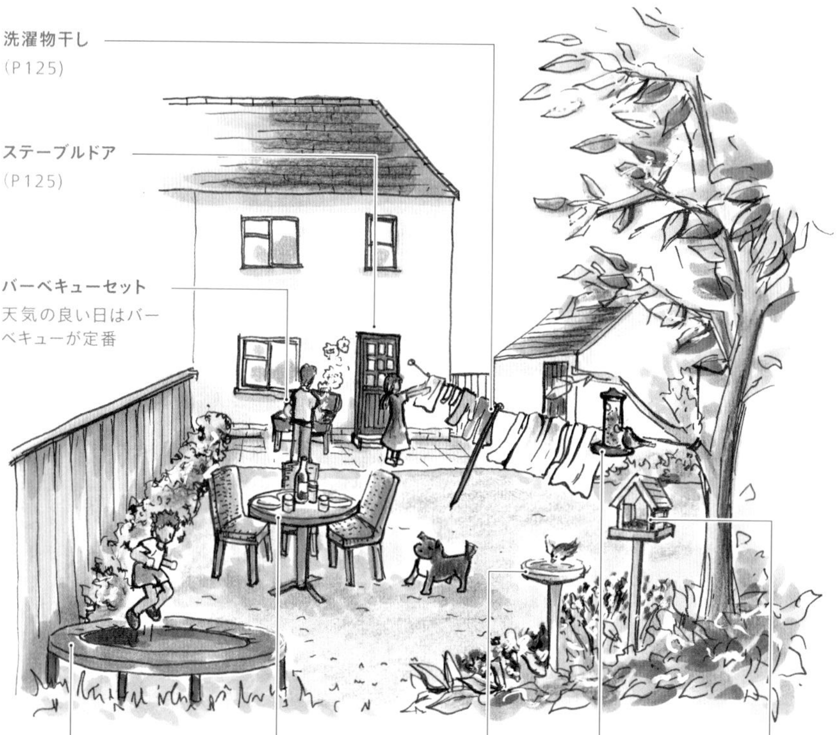
トランポリン
子供のいる家には高確率で置かれている
屋外家具
椅子やテーブルは、ガーデンでくつろぐには必需品
バードプール　**バードフィーダー**　**バードテーブル**
可愛い鳥を呼び込むために、さまざまなデザインのエサ置きアイテムが売られており、フロントガーデン、バックガーデンには必ずといっていいほど設置されています

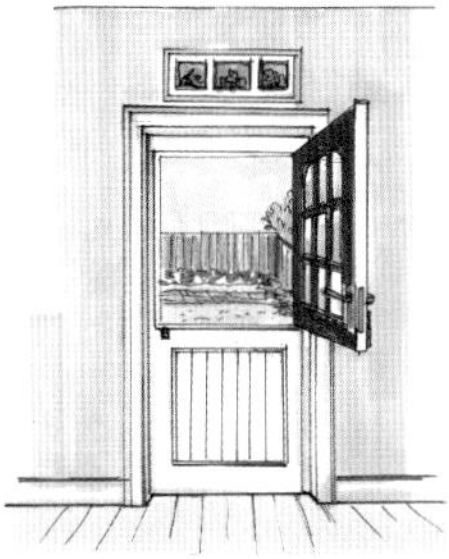

ステーブルドア　Stable door

昔、馬屋で使われていた扉で、現在は勝手口の扉やコテージで使われているのを見かけます。扉が上下に分かれており、上だけ開閉することも可能。子どもやペットがいる家庭では便利です。

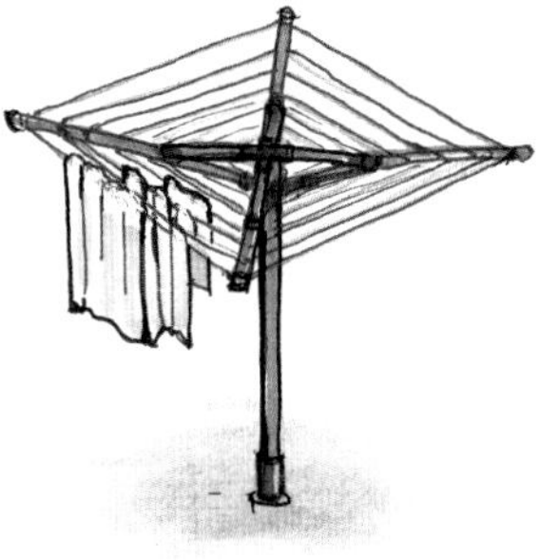

洗濯物干し　Rotary Airer

洗濯物を屋外で干すときは、壁や塀にロープを引掛けて干すか、正方形の骨組みにロープを張り巡らせた折畳み式の物干しを、地面に刺して固定するタイプが主流です。どちらも洗濯物を干すとき以外は折りたたんで仕舞えるため、ガーデンの景観を阻害しません。

ガーデンに招きたい生き物

ガーデンにはさまざまな生き物が遊びに来ますが、そのなかでも
特に愛されるお友達をご紹介

ロビン　Robin

クリスマスの象徴で、イギリスで最も愛されている。先祖の魂が宿るとされる

ブラックバード　Blackbird

鳴き声が美しくて人気

ティズ　Tits

見た目の美しさが人気

ハリネズミ　Hedgehog

見た目の愛らしさと害虫を食べてくれるため、昔から人気

リス　Squirrel

グレー色のリスをよく見るが、赤リスは希少

丸花蜂　Bumble bee

丸いフォルムで穏やかな性質。花粉を運んでくれるため人気

episode

IO

ライフスタイル別イギリス人の住まい方

高齢者の住まう家

一生のうちに何度も家を住み替えるイギリス人ですが、高齢になり、夫婦だけ、もしくは独り暮らしになったときには、どのような家で過ごすのでしょうか。

街中を車で走っていると、バンガロー（平屋住宅）が建ち並ぶエリアを見かけます。バンガローは高齢者の多くが選択する住宅形態です。昔からの家が多く残るイギリスでは、階段のある階層式の住宅が多く、そのため、平家のバンガローが好まれます。

もちろん、住み慣れた家で家族や外部の助けを借りながら住み続ける人もいます。また、子どもと同居する選択もありますが、人々の自立心が強いイギリスでは一般的ではありません。同居は主に、部屋数が多く、お互いの住み分けができる大きめの家で見受けられるようです。

古い家に住み続ける場合には、改修が必要になります。イギリスでは水廻りが2階にある間取りが主流ですので、階段の昇降に不安を感じるようになると対応が必要になります。後付けの階段昇降機を取り付けたり、庭に余裕がある場合は1階にバスルームを増築したりして、1階だけで暮らせるように環境を整えます。家族が近くにいてサポートしてもらえる環境ではない場合は、施設に入ったり見守りのある住宅を選択したりします。

ポーリンの家

90歳の高齢ながら一人暮らしをしています。娘であるカレンの家（P134）から車で10分の場所にあり、週2回ほどの買い出しや庭仕事などサポートを受けながら暮らしています。出掛けない日でも毎日身なりを整えてオシャレする習慣のある、素敵なおばあちゃんです。

竣工：	1928年
様式：	戦間期
家の形態：	デタッチドハウス（カウンシルハウス）
場所：	チェルトナム
家族構成：	老婦人（90歳）
購入時期：	1970年
購入理由：	離婚
ガーデン：	フロントとバックにガーデン
初訪問時：	2015年

テーブルコーナー

毎日、自分一人用のテーブルセッティングを行い、メニュー表をつくるのが日課

ポーリンの父親がつくった暖炉の装飾

2F

1m
1m

祖父からもらった柱時計

300年以上動き続けている

テーブルの上に置かれた写真集を、毎日別のページを開いておくのが日課

1F

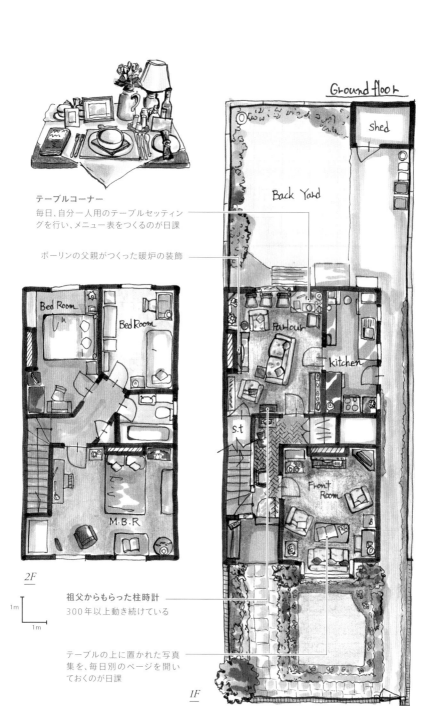

パーラー

天井の梁は化粧梁。近所の鉄道の線路で不要となったものが使われている。木装飾の暖炉はポーリンの父親がつくったもの。一日の大半をこの部屋で過ごす

フロントルーム

毎日開くページが変わる海の写真集が、テーブルの上に置いてある。船で働く娘さんのことを思い、この本を眺めるという

ポーリンの今

2015年の訪問から2年後、娘であるカレンをふたたび訪ねたとき、ポーリンは92歳で亡くなっていました。ベッドの上での生活になっても、きれいな服やジャケットを着てイヤリングを付け、最後まで彼女らしかったとのこと。この家にあった家具は3人の子どもたちで分け合い、ポーリンが祖父からもらった柱時計や海の写真集はカレンの家にありました。家はカウンシルハウス（市営住宅）だったため市に返却したそうです。

ミリエルの家

80歳を超えた高齢のミリエルは、数年前にご主人を亡くされてから一人暮らしになりました。近隣に住む息子夫婦に、買い出しなどをサポートしてもらっています。フロントとバックに1部屋ずつある、最もシンプルなテラスハウスです。

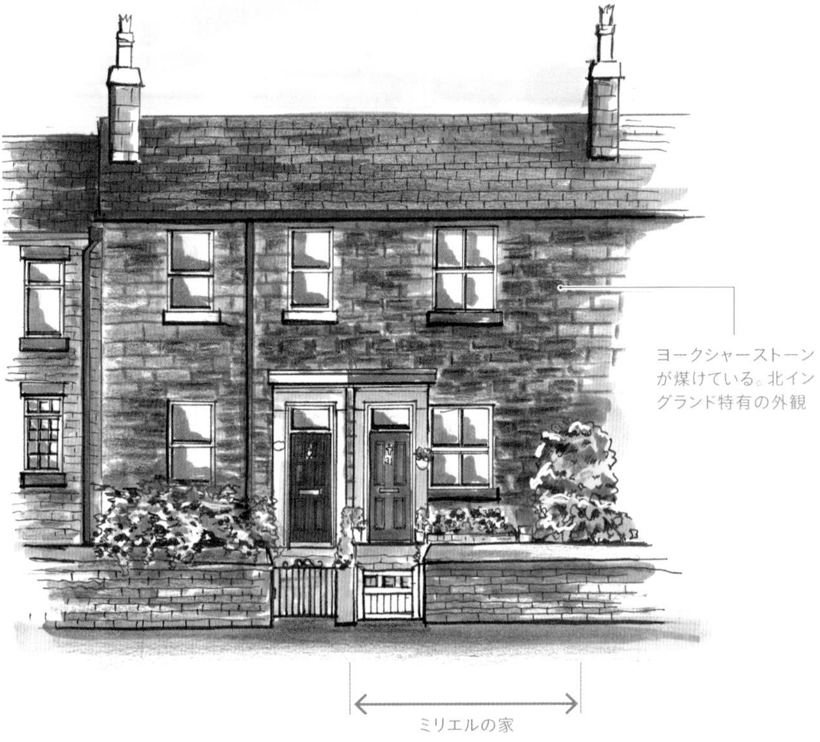
ヨークシャーストーンが煤けている。北イングランド特有の外観
ミリエルの家

竣工：　1870年
様式：　ビクトリアン
家の形態：テラスハウス
場所：　ガイズリー（リーズ近郊）
家族構成：老婦人（80歳）
購入時期：1993年
購入理由：夫婦2人で暮らし易い家
ガーデン：フロントガーデンと私道沿いの植え込み
初訪問時：2013年

ここのテラスハウスの住人だけが通る私道。ガーデンとは言えないが、花壇もあり楽しめるようになっている

2畳程のコンサバトリー。温室、パントリーの役割を担っている

花嫁道具として持ってきた食器棚

地下につながる階段。地下は窓のない狭い一室があるのみ。ご主人の趣味の作業場だった

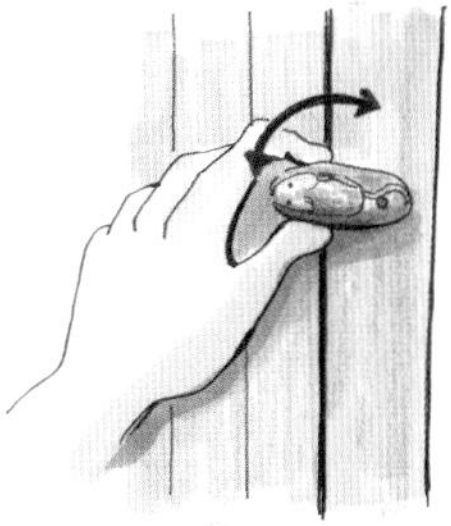

2階の階段前の扉の鍵には、ご主人製作の木彫りのネズミの鍵プレート。かわいい

いつも草花が綺麗に整えられたフロントガーデン

ご主人製作の暖炉装飾。暖炉上に飾られている木の置物もご主人の作品で、3人の子供達家族の家にもある。暖炉はガス式

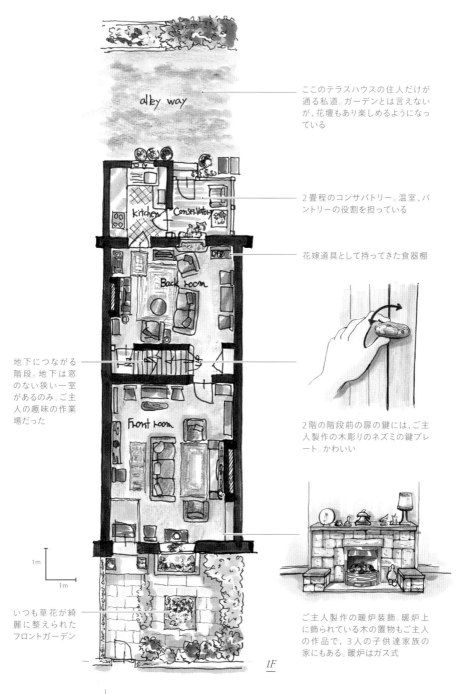

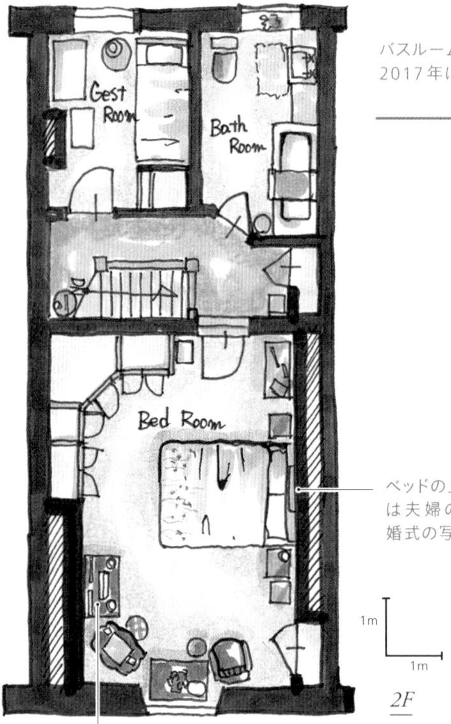

バスルームを
2017年に改装

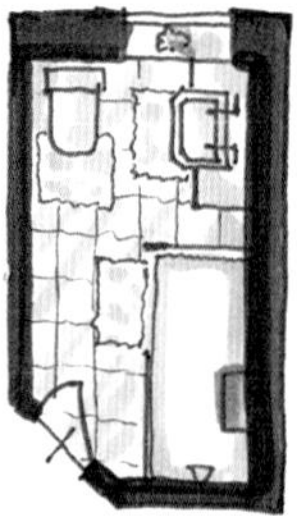

浴槽にバスリフトを取り付けて入浴していたが、またぎの動作が不安定だったため、シャワールームに改装した。壁付け折り畳み椅子もあり、座りながらシャワーを浴びている。タイルの下には床暖房も完備

ベッドの上には夫婦の結婚式の写真

以前の浴槽とバスリフト。床はカーペットだった

以前住んでいた家の絵が飾ってある

主寝室も想い出の品で溢れている

ミリエルの家

イングランドに行ったときにいつもお世話になっている友人、めぐみさんのご主人の義母の家です。亡きご主人の趣味は木細工で、家のなかはご主人の作品と想い出で満たされています。昔ながらのシンプルな間取りと、暖炉を中心にしたアンティーク家具のレイアウトが、古き良きイギリスのイメージをそのまま残しています。最近では浴室のバスタブをシャワーに改装し、安全に過ごせるようにより配慮された住まいになっていました。花が大好きなミリエルは、小さなフロントガーデンを花で彩り、室内にも花を欠かすことなく、いつも歓迎してくれます。

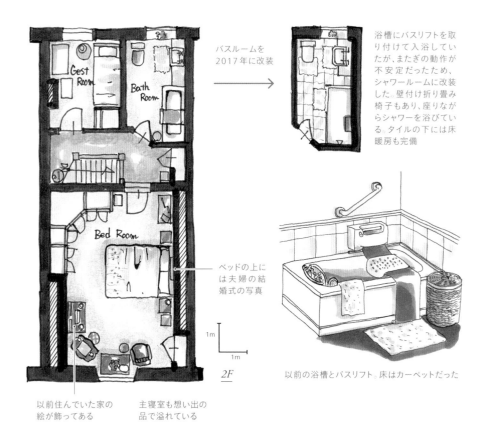

夢の家

持ち主は元市長だった人物で、今は80歳を超えて、ダルメシアン2匹とともに再婚相手と暮らしています。元領主の家で、昔はマナーハウスだった歴史ある建物は、このエリア一体のシンボルでした。以前、ご主人はビクトリアン時代の家に住んでいましたが、彼の父がずっと憧れていたこの家が売りに出されていることを知り、購入を決意したそうです。「あの家に住みたいなぁ」と言っていた父の願いを自分がかなえる最後のチャンスだと思ったと言います。古い家が住み継がれるということは、人の想いも時を経て受け継がれていくということで、その出会いには夢があります。

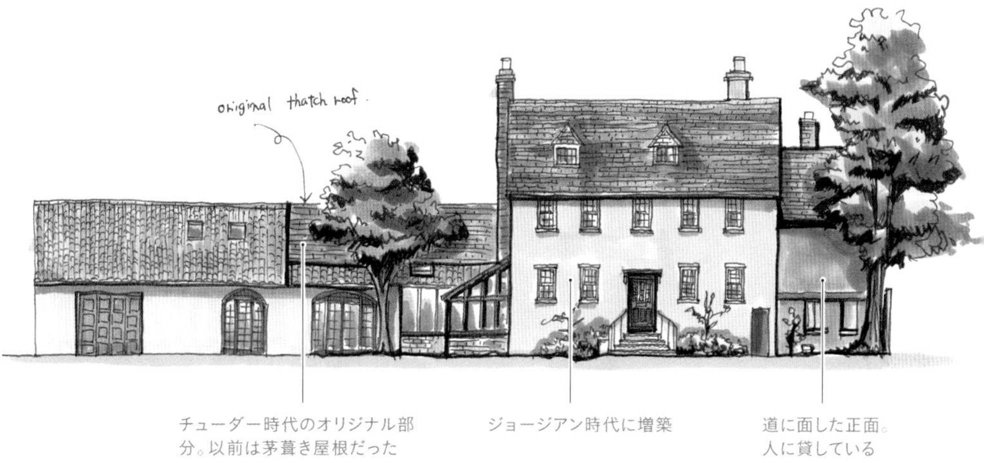
original thatch roof.
チューダー時代のオリジナル部分。以前は茅葺き屋根だった
ジョージアン時代に増築
道に面した正面。人に貸している

竣工：　1550年
様式：　チューダー・ジョージアン
家の形態：デタッチドハウス
（リスティッドビルディング　グレードII）
場所：　ケンブリッジ
家族構成：80歳代老夫婦
購入時期：1980年
購入理由：亡き父の憧れの家
ガーデン：　昔は辺り一帯がこの家の敷地だったため、広い
初訪問時：2013年

episode

II

ライフスタイル別イギリス人の住まい方

1930年代の市営住宅に住む

カレンの家

１９３０年竣工時、市営住宅として地域計画が行われたため、同じデザインの家が並んでいる地域です。当時の計画では「自給自足」がテーマとされていたため庭が大きく取られ、家庭菜園などができるようになっています。この元市営住宅エリアの家は、現在は持ち家の人もいれば市営住宅の賃貸のままの人もいて、混在しているようです。ここに住むカレン夫婦は国の「持ち家政策」により、市営住宅の購入が促進された時期に購入しました。当時は持ち家が推奨されていたため、このような市営住宅は安く購入できたとのこと。奥様は元コックで、家庭菜園のできる庭がお気に入りです。

カレンの家

船長と船のコックだった夫婦です。料理好きの奥様のカレンは、家庭菜園で採れた新鮮な野菜で、日々の料理に腕を振るっています。

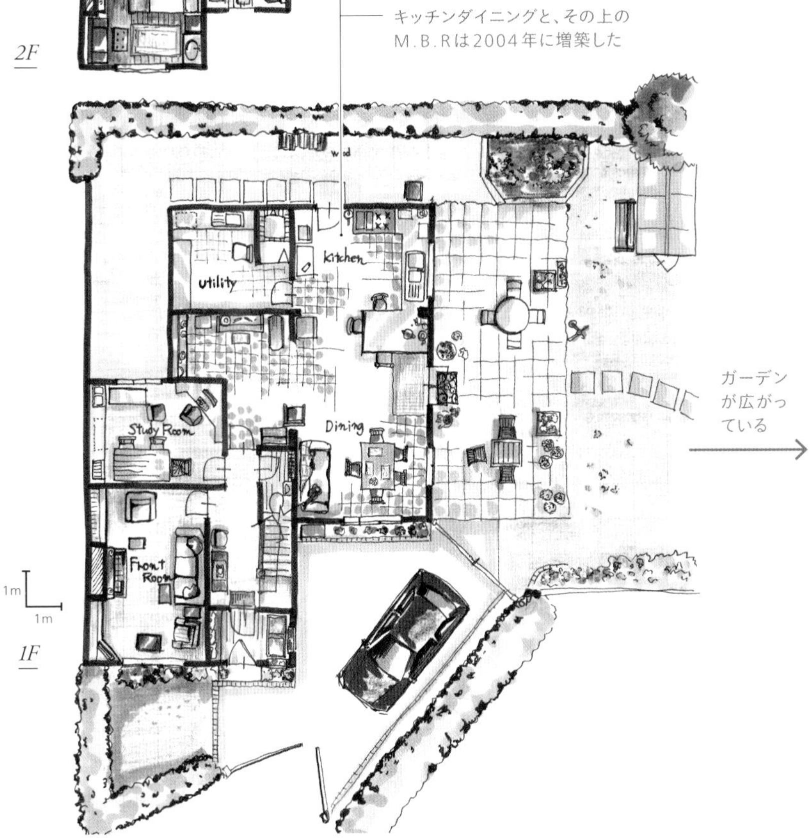

竣工：　1930年
様式：　戦間期
家の形態：セミデタッチドハウス（コンサベーションエリア）
場所：　チェルトナム
家族構成：夫婦　3人の娘は独立

購入時期：1987年
購入理由：大きなガーデンが欲しかった
ガーデン：当初から家庭菜園ができるように計画的に広く確保されていた
初訪問時：2015年

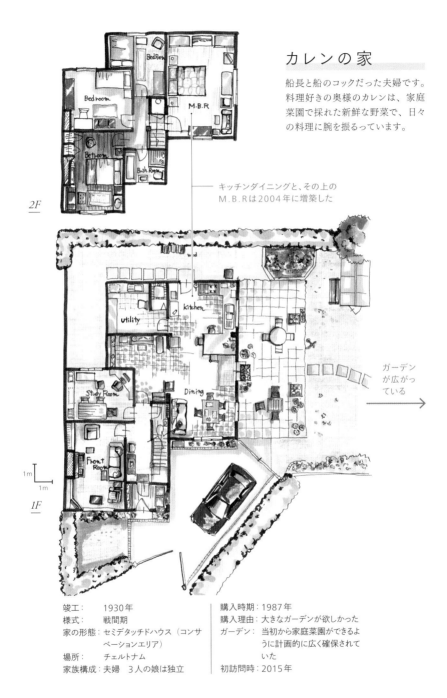

episode

12

ライフスタイル別イギリス人の住まい方

ナローボートに住まう

イギリス各地で見られる風景にカナル（運河）があります。美しい田園から都心まで各地に流れるカナルは、イギリスの魅力の1つとなっています。

18世紀から19世紀にかけて、カナルを使った運搬が主流でした。その運河で使われていたのが「ナローボート」と呼ばれる、横幅約2メートルの細長いボートでした。その歴史は産業革命とともにあり、北イングランドの産業の盛んな都市と川をつなぐカナルを建設することから始まりました。その地域はどんどん広がり、１８０５年にはバーミンガムとロンドンがつながります。ボートは、昔は馬がロープで引っ張り先導していました。つまり人の歩く速度で移動していたのです。その仕事を担うボートマンと呼ばれる人たちは低賃金だったこともあり、運搬しながら暮らすボートでの生活を始めます。全盛期は4万人以上の人たちがボートマンとして働き、ボートで暮らしていましたが、鉄道の普及とともに衰退しました。

しかし１９６８年の運搬法で、レジャーとしてカナルを復活させる動きが出てからは、各地の運河が再建され、今では、ナローボートで旅ができる環境がイギリス全土で整っています。そして住まいの形態の1つとして、ボートを住まいとする人々が存在しているのです。

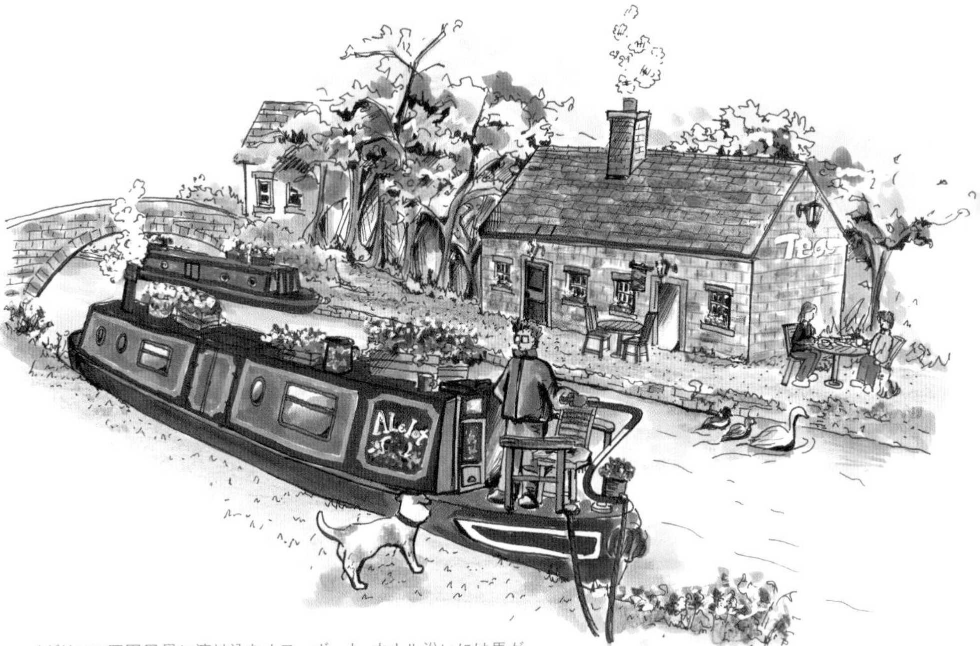

イギリスの田園風景に溶け込むナローボート。カナル沿いには馬が引いていた時代の名残で「トゥーパス」と呼ばれる歩道があり、今はよい散歩道となっている。カナル沿いにパブが多いのもボートマンたちが利用していた名残

貨物を運んでいた時代のナローボート

ボートの上に水を入れて置いていた

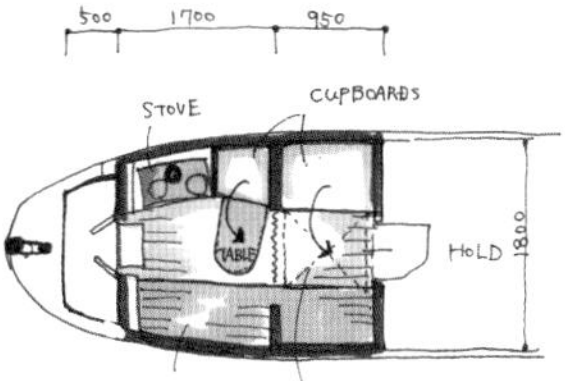

4畳ほどのスペースに、暖炉、棚、机、ベッドの機能を備え付けている。このスペースに一家4人、もしくはそれ以上で住んでいたという。カラフルな外観のペイントはボートに住む人たちによって描かれた「ボードアート」と呼ばれるもので、狭くて暗いボートを少しでも明るくしようと船体に施された。その技術は発達し、ボードアート職人として確立されていった。

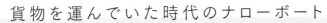

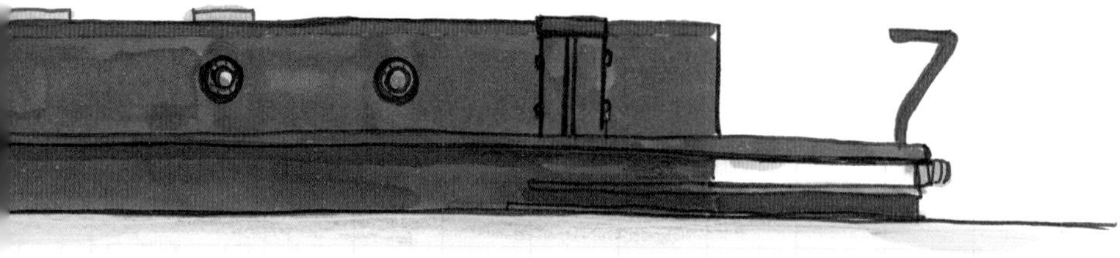

エンジンルーム
むき出しになっている

充電や水の補給、排泄物の処理は
マリーナの設備を使用します

ナローボートに魅了された 女子の独り暮らし

20歳代の初めからずっとボートでの暮らしに憧れていた、今は30歳代の女性の独り暮らしです。ボートでの生活を初めて12年になるそうです。なぜボートの生活を選んだのか聞くと、「理由はないわ。ただ好きだからよ」と。仕事場にはボートから自転車に乗って出勤しています。週5日勤務のため、なかなかボートを動かせないでいることが残念と言います。ボートは中古で購入し、壁の木パネルとキッチンはそのまま使用し、内装はDIY。ナローボートの歴史が好きな彼女は、当時のスタイルを随所に取り入れています。今は隠すのが普通のエンジンルームが露出しているのも、昔のスタイルとのこと。ボートでの生活は、限られたスペースを工夫して使いこなす必要がありますが、彼女はとてもそれが上手で、快適に暮らしていました。

通勤用の自転車

窓も昔風

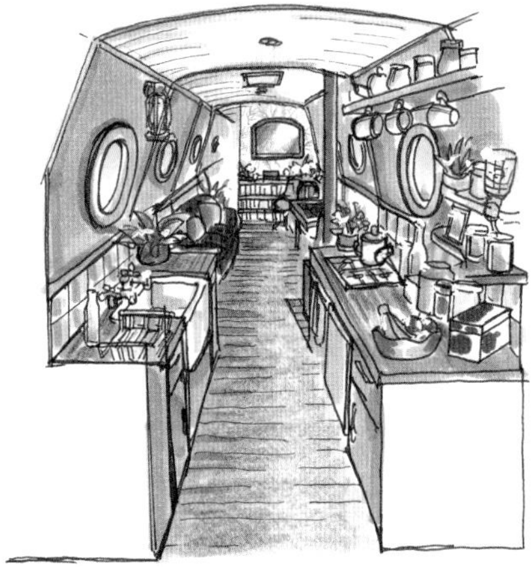

キッチンから見たボート船内

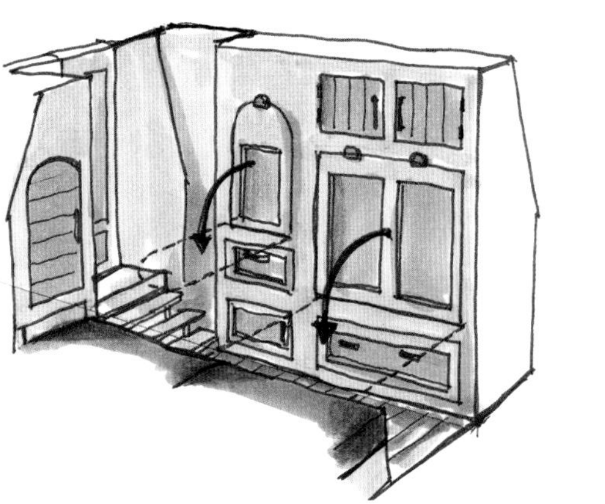

昔のボートマンの家を彷彿とさせるカップボード。一部を倒すと椅子とつながってベッドになります。家族が来たときに使うそうです

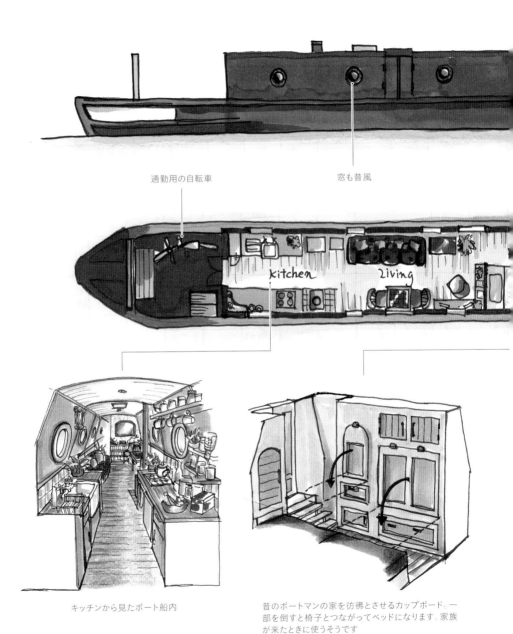

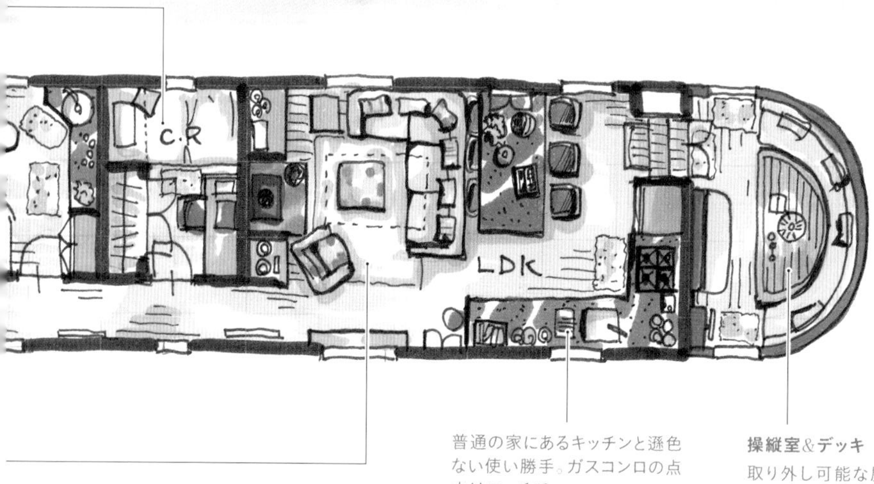

普通の家にあるキッチンと遜色ない使い勝手。ガスコンロの点火はマッチで

操縦室&デッキ
取り外し可能な屋根付きの操縦室兼デッキ

ボートの暮らしを選んだ家族

ナローボートより横幅がひと廻り大きなワイドビーンボートに住まう3人家族に、イングランド西部に位置するウスターのマリーナで出会いました。このタイプは幅が広いため、カナル（運河）に入ることはできず、河川のみの運行に限られます。しかしここはイギリスで一番長い川であるセヴァーン川と接しているため、十分楽しめるといいます。1年前に、ご主人が内装を計画したこの新しいボートハウスでの暮らしをスタートさせました。それまではテラスハウスに住み、休暇を使ってナローボートで旅をしていたのですが、完全に水上生活にシフトしたいと思ったそうです。最大の魅力は、荷造りせずに家ごと旅に出られること。賃貸経営で生計を立てているそうです。13歳の一人息子は、停泊しているマリーナから学校に通っているとのこと。ワイドビーンボートはナローボートに比べると、その大きさゆえに安定しており、住み心地はより快適に感じられます。

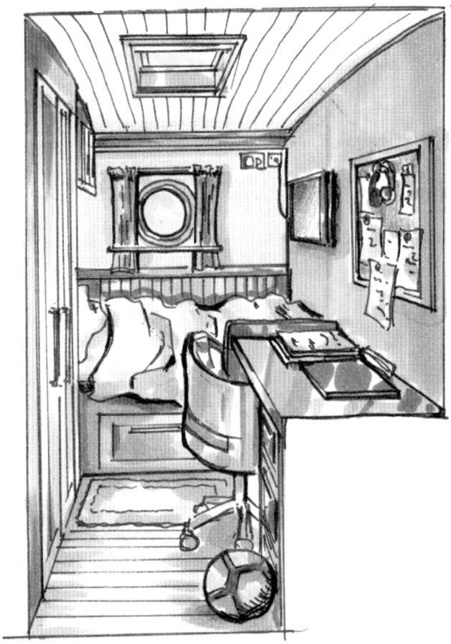

息子の部屋

3畳ほどのスペースに勉強机、収納、ベッドが完備され、天窓と窓から明かりが入る

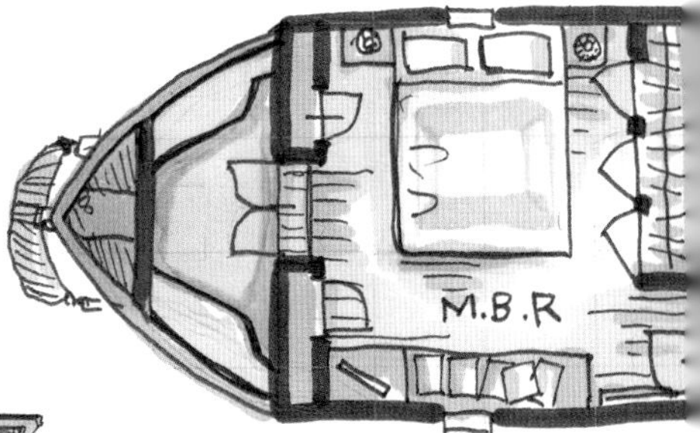

LDK

12畳ほどの広さに、キッチンと暖炉を中心としたリビング空間がある。とても広く快適に感じられる

ハウスボートのコミュニティ

ボートの停泊場として、マリーナが点在しています。大抵は停泊スペースと充電などの設備補充スペースですが、停泊している人たちがコミュニティをつくり、「団地」のような関係性を築いている珍しい場所があります。ロンドンのリージェントカナル沿いにある、キングスランド停泊所です。始まりは1820年に遡るのですが、一度衰退してからも1980年に自治体が復活させ、21世紀に入ってこの辺り一帯の再開発により再び整備されたそうです。そのため、キングスランドは近代的なアパートメントビルに囲われています。停泊スペースは23隻で、40人が住み、住居、ホリデーボートとさまざまです。停泊場所も特に決まっておらず、譲り合いでときどき変えるとか。キングスランドはコミュニティが密なのが特徴です。水の上に浮く共有のガーデンと畑、共有の洗濯スペースや外部リビングなど、コミュニケーションが取れる場所があり、情報を共有しています。ミ　ティングもあり、住んでいる人たちは担当する役割をもっているそうですが、基本的には好きな人やできる人がしているそうです。

Kingsland Basin Mooring

2018. 2019

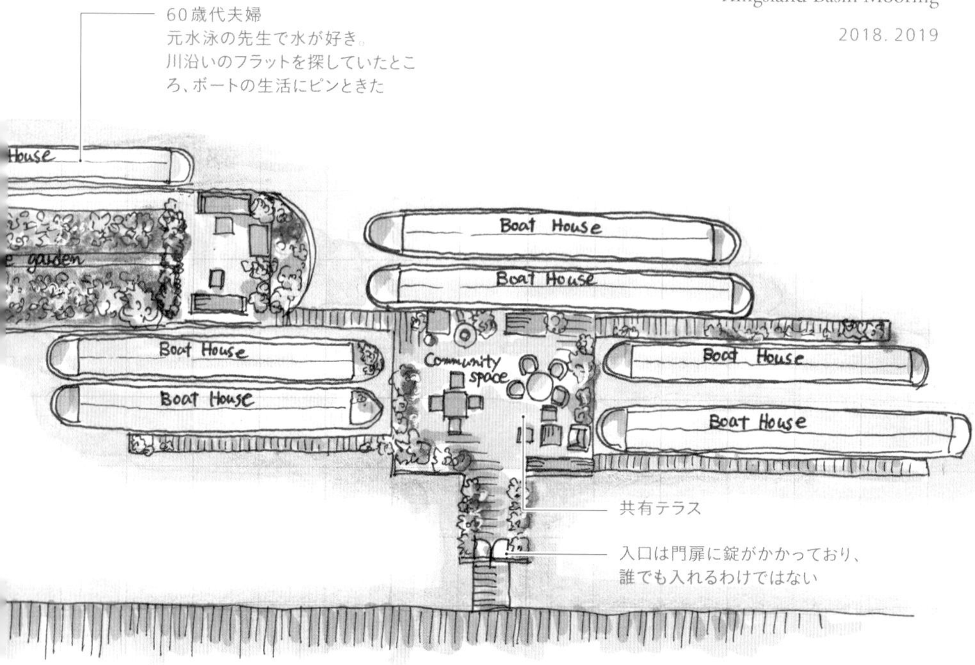
60歳代夫婦
元水泳の先生で水が好き。
川沿いのフラットを探していたところ、ボートの生活にピンときた
House
garden
Boat House
Boat House
Boat House
Boat House
Boat House
Boat House
Community space
共有テラス
入口は門扉に錠がかかっており、
誰でも入れるわけではない

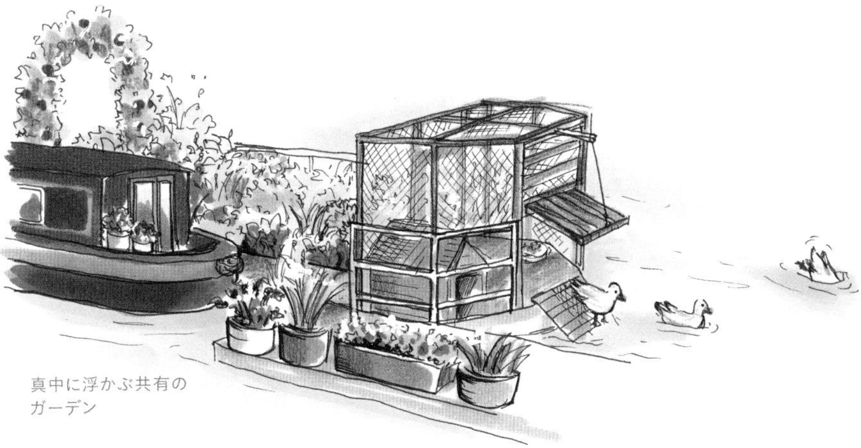

真中に浮かぶ共有の
ガーデン

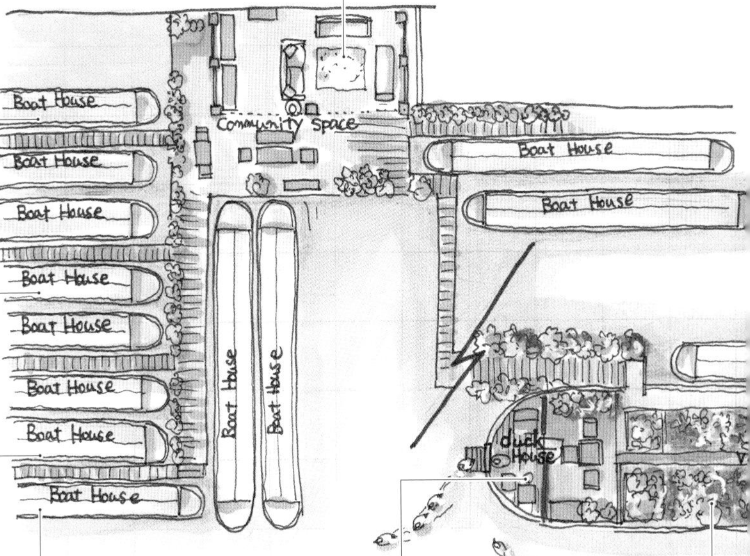

※全体を短縮して描いています。実際はもう少し広く、ボートの隻数もあります

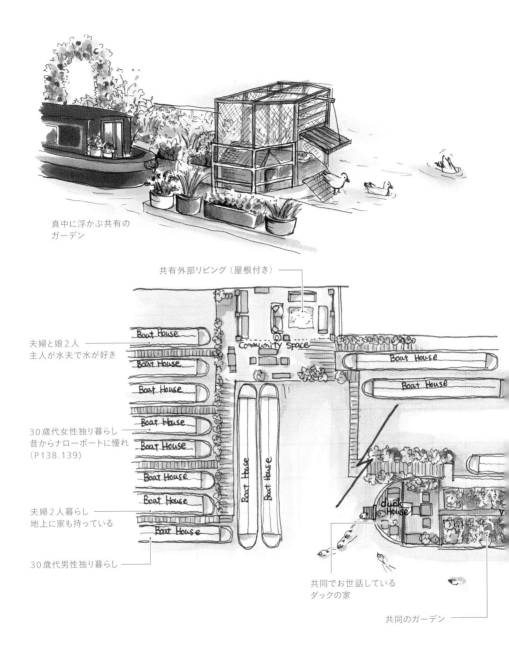

column

ナローボートに泊まってみた

ボートでの生活はどんな感じか自身で体感すべく、「Airbnb」（※参照）で、ナローボートを宿泊施設として貸しているオーナーを探しました。数多いボート提供者のなかから選んだのは女性オーナーで、アクセスのよい場所に停泊しているナローボート。2泊3日の貸し出しで、約5万5千円でした。場所がロンドン市内のパディントン駅裏手、リトルベニスと呼ばれる最高の立地だったこと、ボート1隻貸し切りであることから、ロンドンのホテルの相場から考えても妥当と思われます。カナル沿いに停泊しているボートに寝泊まりするだけで、操縦はしません。美しい風景のなかをボートで移動しながら楽しむのが本来のカナルの楽しみ方ですが、ボートで暮らす感覚を疑似的に味わえます。

ボートの上は花壇スペースとなる。ハウスボートに住む人のガーデンスペース

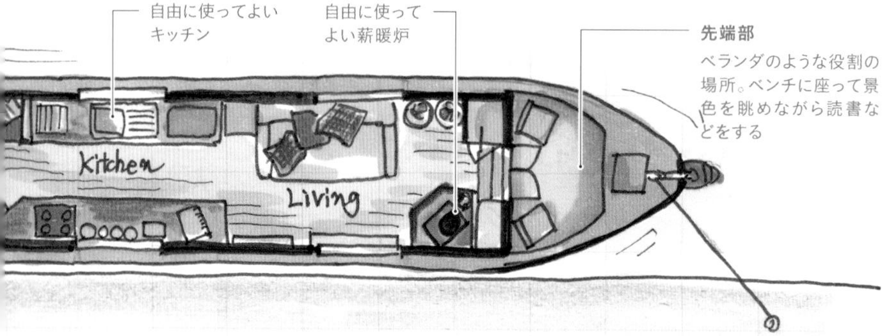
自由に使ってよいキッチン
自由に使ってよい薪暖炉
先端部
ベランダのような役割の場所。ベンチに座って景色を眺めながら読書などをする
Kitchen
Living

※「Airbnb」は「エアピーアンドビー」と呼ばれ、「bnd」は「B&B」から来ている。「B&B」とは「Bed and Breakfast」の意味をもち、宿泊と朝食が付いたイギリス発祥の家族経営の部屋貸しシステム。「Airbnb」は朝食が付かない場合も多い。世界中にあらゆる提供者が存在し、利用者は「安く泊まれる」「変わった物件に泊まれる」など多種多様な目的で利用することができる。提供者も空き部屋を運営できるため、収益がを得られる

宿泊当日、オーナーの女性から船の鍵を預かり、船内の説明を受けました。彼女は陸上にも家を所有しており、ボートは使わない時期だけ貸し出しているそうです。イギリスの有名ペイントメーカー「FARROW & BALL」で、室内外が美しく塗装されていました。キッチンは、ガスをマッチで点火させます。4月の寒い日でしたが、暖炉で火を熾こすととても暖かく、快適です。水を無駄にできないため、シャワー、トイレには気を使いますが、不自由はありません。朝、ボートの上でダックたちが騒いで走り回る音で目が覚めたのも、新鮮でした。窓から見える水面の景色が、都心に居ながら自然と融合している、不思議な気持ちにさせてくれます。これでイギリス中をゆっくり移動しながら生活できたら、さぞかし優雅な気持ちで日々を満喫できることでしょう。

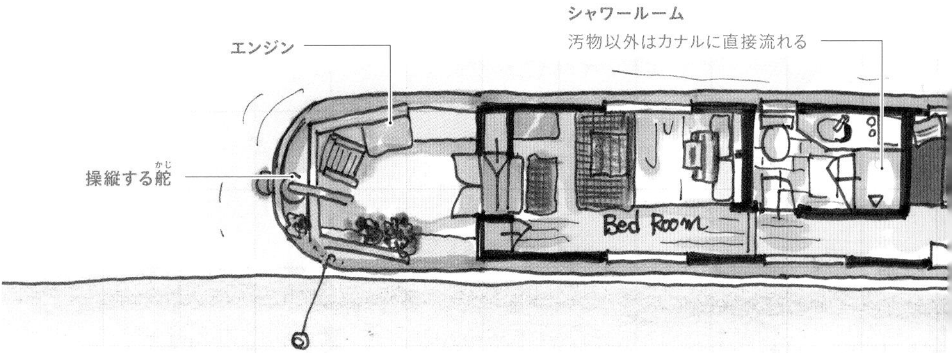

episode

13

ライフスタイル別イギリス人の住まい方

ミューズハウス（馬小屋）に住まう

テラスドハウスの裏庭を挟んだ向こう側に存在するミューズハウス。今も馬屋だったころの名残で、玄関ドアの隣には大きな間口の扉があるのが特徴。装飾性も豊かで、素敵に住み継がれているのが分かる

ロンドン市内を訪れると、立派なテラスハウスの裏側に「ミューズハウス」と呼ばれる、かつて馬小屋だった建物が並んでいます。

これはもともと、テラスハウスの主人が使用する馬車と馬を格納するための建物でした。その当時は1階が馬と馬車、2階はお付きの使用人が寝起きするようにできており、馬の食糧も保管していました。17世紀に始まり、19世紀をピークに、自動車が出現するまでは交通手段が馬車であったため、必要不可欠な建物でした。現在も存在し、建物の上階に増築したり、室内を改装したりして住み継がれています。都心にあるミューズハウスは、今や高級物件です。

ロバートの家

家はツタで覆われ、屋上ガーデンへとつながっています。1階には夫婦で経営する建築事務所があり、ミューズハウス特有の大きな開口部をガラス張りにして生かし、外部に対して開放的に見せています。

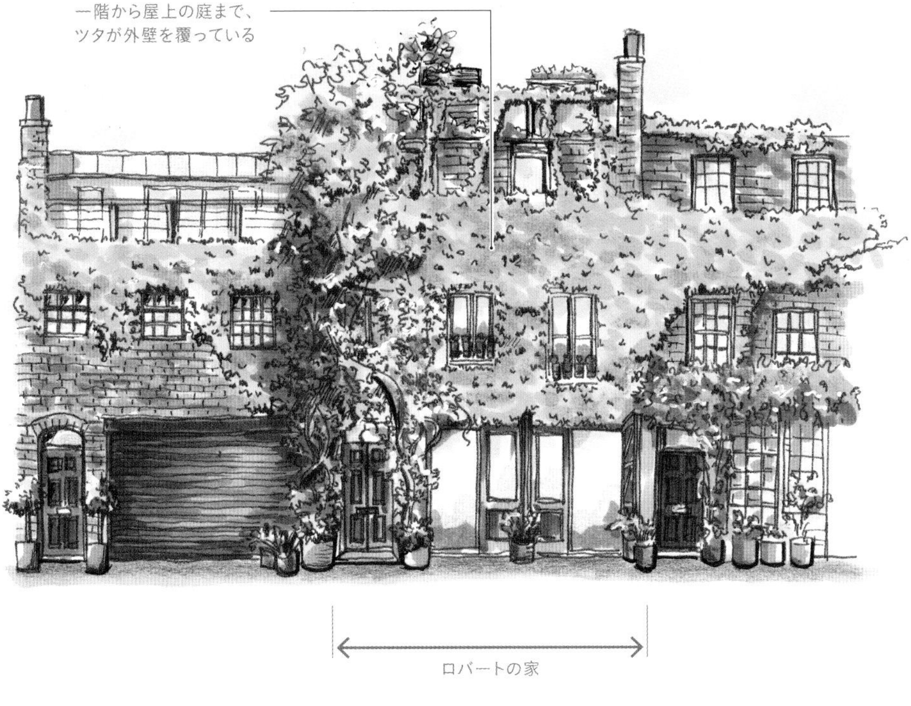
一階から屋上の庭まで、ツタが外壁を覆っている
ロバートの家

竣工：　1800年代初頭
様式：　なし
家の形態：ミューズハウス
場所：　ロンドン市内
家族構成：夫婦　子供2人（独立している）
購入時期：1982年
購入理由：立地条件が良い　可能性を感じる家
ガーデン：　屋上ガーデン
初訪問時：2018年

浴室は天井が鏡張り。空間を視覚的に広げる効果があるとはいえ凄い

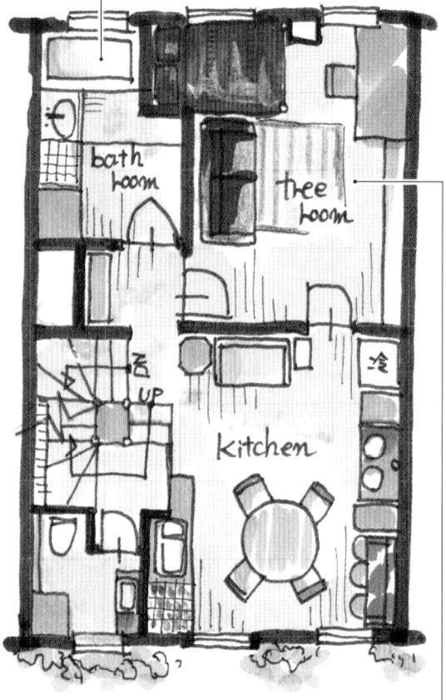

2F

「木の部屋」と名付けられたこの部屋。名前のとおりベッドの右下のポストが木のようにあしらわれている。今はゲストルームだが、子どもが幼いころはプレイルームとして使っていた。事務所にしていたときもある

建築事務所

奥壁面は鏡張りで広く見せている

スクリーン映写

階段から上はプライベートな居住スペース

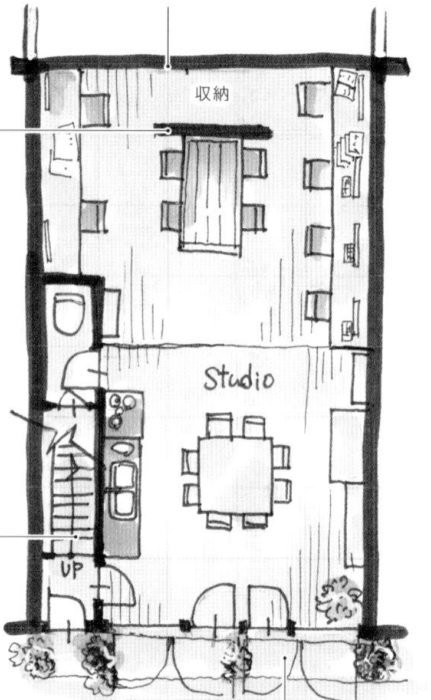

1F（事務所）

ミューズハウスの特徴、大きな間口の扉は開放感がある

仕事場・住居として改装され続けて38年

この夫婦の家は、毎年開催される「オープンハウス・ロンドン」という建物を公開するイベントで訪れました。建築デザイナー夫婦で、自分たちのアイデアが詰まった家を公開していました。夫婦が37年前に移ってきた当初は、2階建てで平らな屋根の建物でした。1階はワークショップに使われており、2階は倉庫でした。キッチンもバスルームもないところからのスタートだったといいます。夫婦そろって建築士であったため、少しずつ自分たちの用途に合わせて改装していったそうです。3階とルーフガーデンは自分たちで増築しました。もとは1800年代前半に建てられましたが、20世紀初頭の戦争によって被害を受けたあと、修復されたという履歴が残っているとのこと。1階は2人の建築事務所で、2階からが居住スペースです。ガーデンをもたないミューズハウスですが、ルーフガーデンをつくることで十分なスペースが感じられます。窓の廻りを覆うツタが自然のカーテンとなり、鳥たちも寄ってくるそうです。

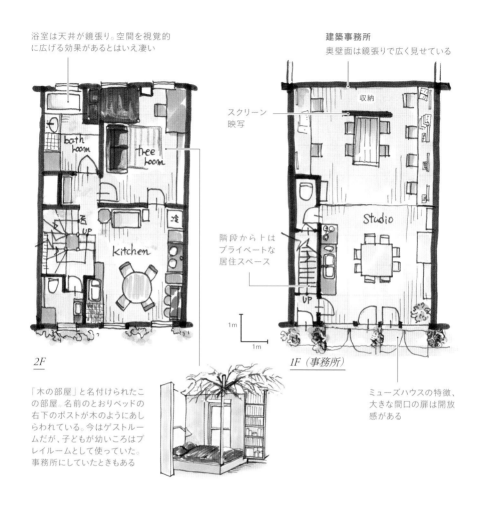

3階リビングへと光を採り入れる天窓

3階の暖炉から伸びた煙突

螺旋階段で屋上ガーデンへ

屋上

3F

屋上にあるベッドルームにつながる階段

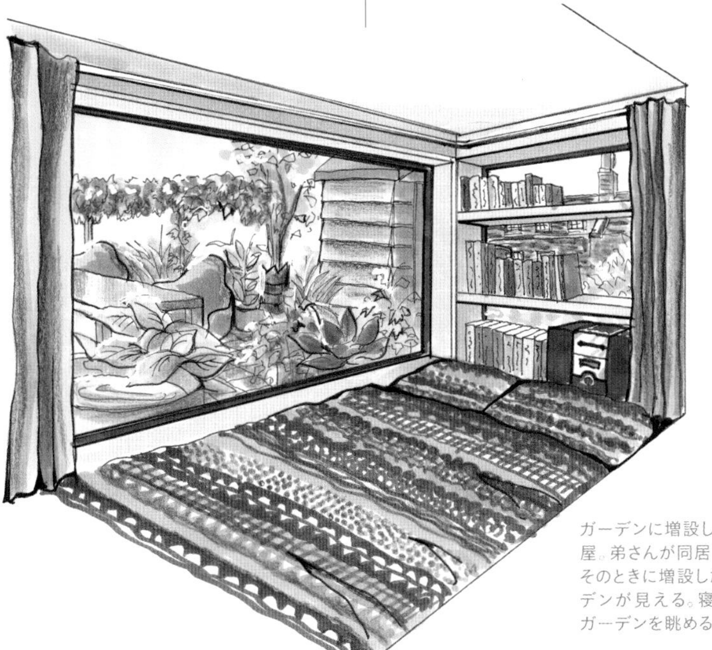

ガーデンに増設した、ベッドだけある部屋。弟さんが同居していた時期があり、そのときに増設した。ガラス張りでガーデンが見える。寝そべりながらルーフガーデンを眺めるととても心地よい

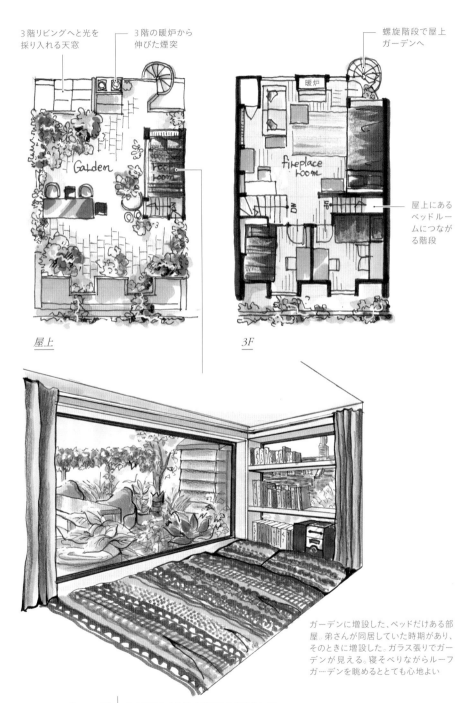

episode

14

ライフスタイル別イギリス人の住まい方

マナーハウスに住まう

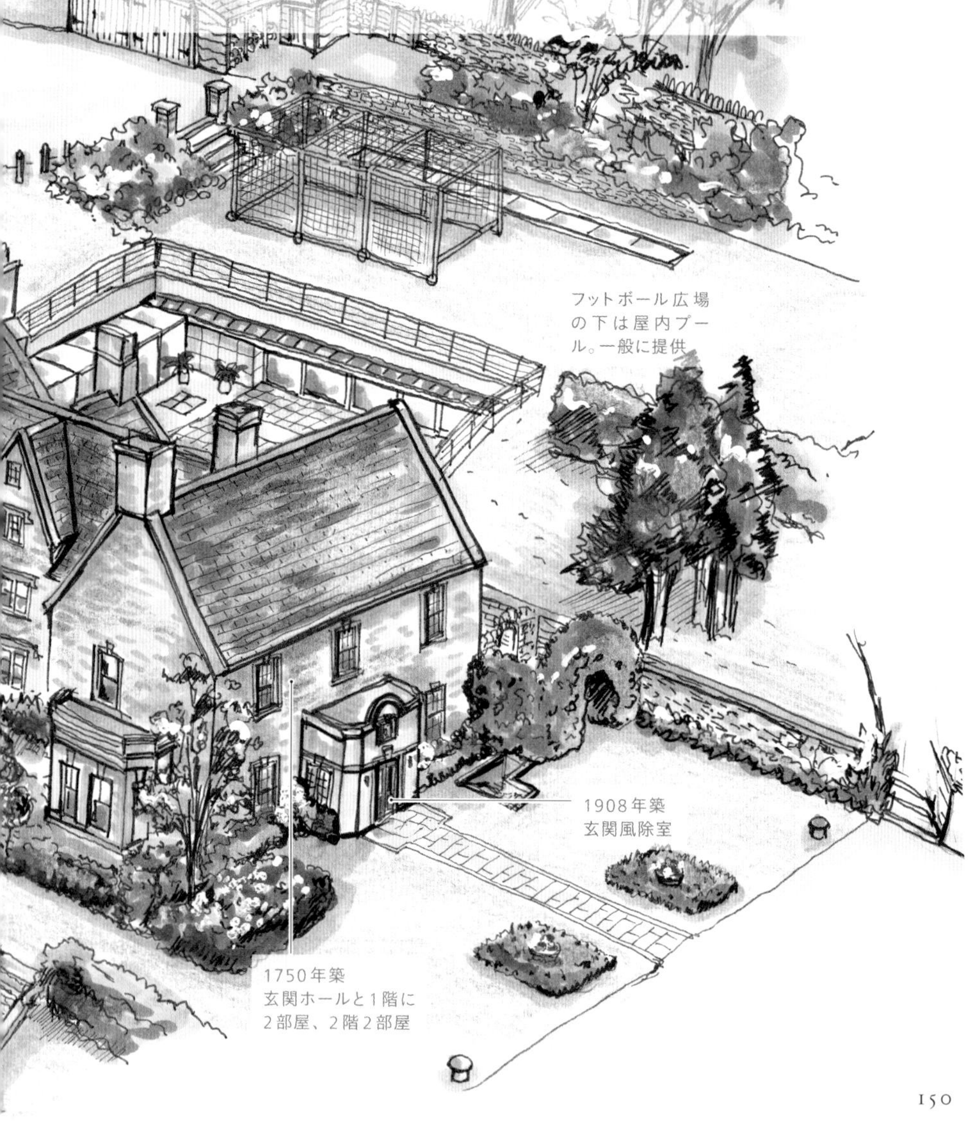

竣工：　1340年、1500年、1650年、1750年、1908年
様式：　チューダー・ジョージアン等
家の形態：マナーハウス
場所：　コッツウォルズ
家族構成：50代夫婦　長男（独立）、次男、長女
購入時期：2005年
購入理由：近くによい学校がある　子供を広い環境で育てたかった
ガーデン：傾斜地のため見渡せる広い敷地
初訪問時：2015年

マナーハウスは、中世に荘園（マナー）の領主の館として使われていました。長方形の大広間を有するシンプルな間取りで、主人と使用人がともに住んでいたといいます。チューダー朝に入ると、新興貴族が生まれ、土地が分配されて、より快適な住居が建てられるようになりました。それはカントリーハウスと呼ばれます。現在も郊外の田園地帯に残る、美しい屋敷のことを指し、20世紀初頭までのさまざまな様式で建てられています。

　友人の友人がマナーハウスに住んでいるというので、連れて行ってもらいました。コッツウォルズの丘に位置し、素晴らしい眺望を誇るマナーハウスで、その広さと景色に圧倒されました。ドラマさながらの雰囲気でしたが、出迎えてくれたのは、ラフなズボンとトレーナーを着た気さくな奥様でした。間取りは公開ＮＧなのでお伝えできませんが、玄関ホールから最奥のキッチンの部屋までが、扉をすべて開けると直線的に見通せます。そこが奥様の気に入ったポイントの1つだそうです。風が通るので気持ちよいとのこと。

　広大な土地と、一番古くからある建物を生かすため、夫婦はその建物を最新の公共施設に改装しました。１３４０年築の建物のなかに入ると、最新の設備を備えたコンサートホールがありました。貸し出して運営しているそうです。そのほかにも、家の裏側の土地を削って屋内プール施設をつくり、これもまた近くの住人に提供しています。近くにチェルトナムという都市があり、人々が利用しに来るそうです。屋内プールをつくるために丘を掘った際に出た大量の石は、すべてコッツウォルズストーンで、そのまま庭の生垣に再利用しています。マナーハウスなどの大きな屋敷は、そのまま住むには大きすぎるため、分割利用のマンション的運営をしたり、ホテルやレストランにしたりするなど、その維持の仕方はそれぞれですが、この家のように地域に公開して貢献する人もいます。

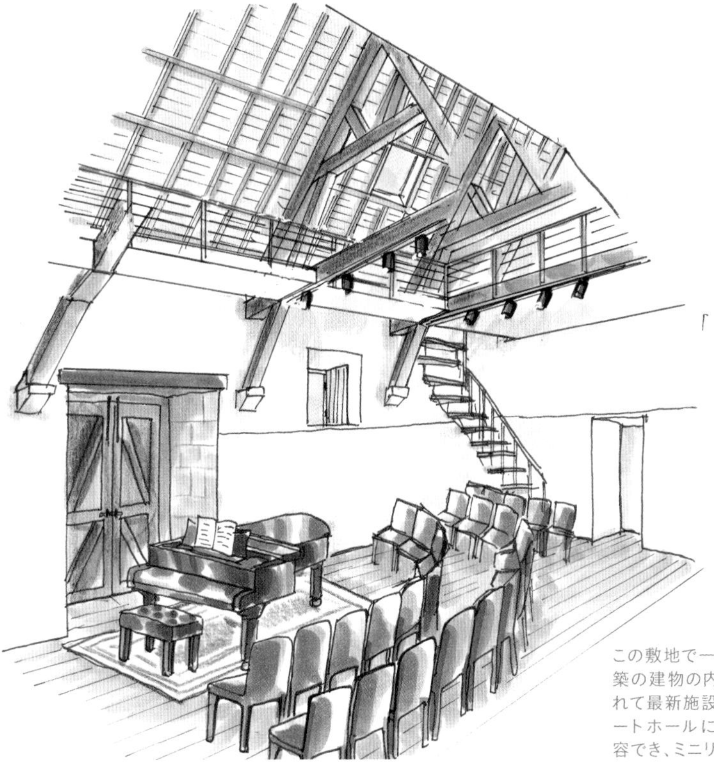

この敷地で一番古い、1340年築の建物の内部は、補強し直されて最新施設が完備するコンサートホールに。100人程は収容でき、ミニリサイタルが開ける

丘の傾斜面を掘ってつくられたプール。着替え室、シャワー室完備の25メートルプールは、地域の人々に貸し出されている

episode

15

ライフスタイル別イギリス人の住まい方

学生たちのシェアハウス

大学がある町では、住宅需要の多くを占めるのが、学生向けの住居です。大学中心の地域に並ぶ多くの古い建物は、学生用住居として活用されています。オックスフォード大学（1167年設立）やケンブリッジ大学（1209年設立）のような歴史と実績のある大学は、町とともに発展してきました。

ヘザー（P63）の娘、アナの学生寮を見せてもらいました。アナはウェールズの南部に位置するカーディフ大学の2年生です。カーディフは石炭の輸出で発展したウェールズの首都。カーディフ大学は1883年に設立されました。世界中から約3万人の学生が集まる大学です。その周辺にはテラスハウスが密集し、もとは労働者たちが住んでいました。現在ではその多くが学生寮として使われています。

アナはそんなテラスハウスで、女子学生だけのシェアハウスに住んでいます。学生たちが住む寮は、大学側が推薦する候補のなかから選ぶそうです。基本的に1年ごとに住み替えることができます。アナも1年生のときは大学の傍らのアパートメントに住んでいました。来年は勉強する大学の場所が変わるので、また別の寮に引越す予定だとか。共有のリビングに集まり、皆でスポーツ観戦で盛り上がっている様子はとても楽しそうでした。

アナのシェアハウス

もとは労働者階級が住んでいた小規模のテラスハウス。ウェールズでは、全体的にこのような比較的質素なテラスハウスの街並みが見られます。外観からは一般住宅なのか寮なのか見分けがつきません。

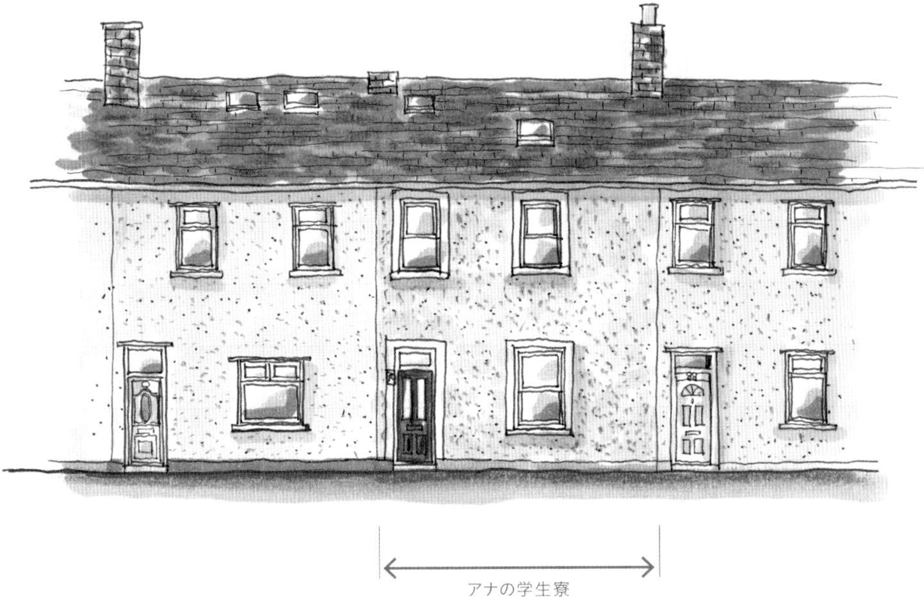

竣工：　1875年
様式：　ビクトリアン
家の形態：テラスハウス
場所：　カーディフ（ウェールズ）
家族構成：学生6人　シェアハウス
賃貸時期：2018年
賃貸理由：学生寮
ガーデン：　バックガーデンとしてスペースはあるが、緑はない
初訪問時：2019年

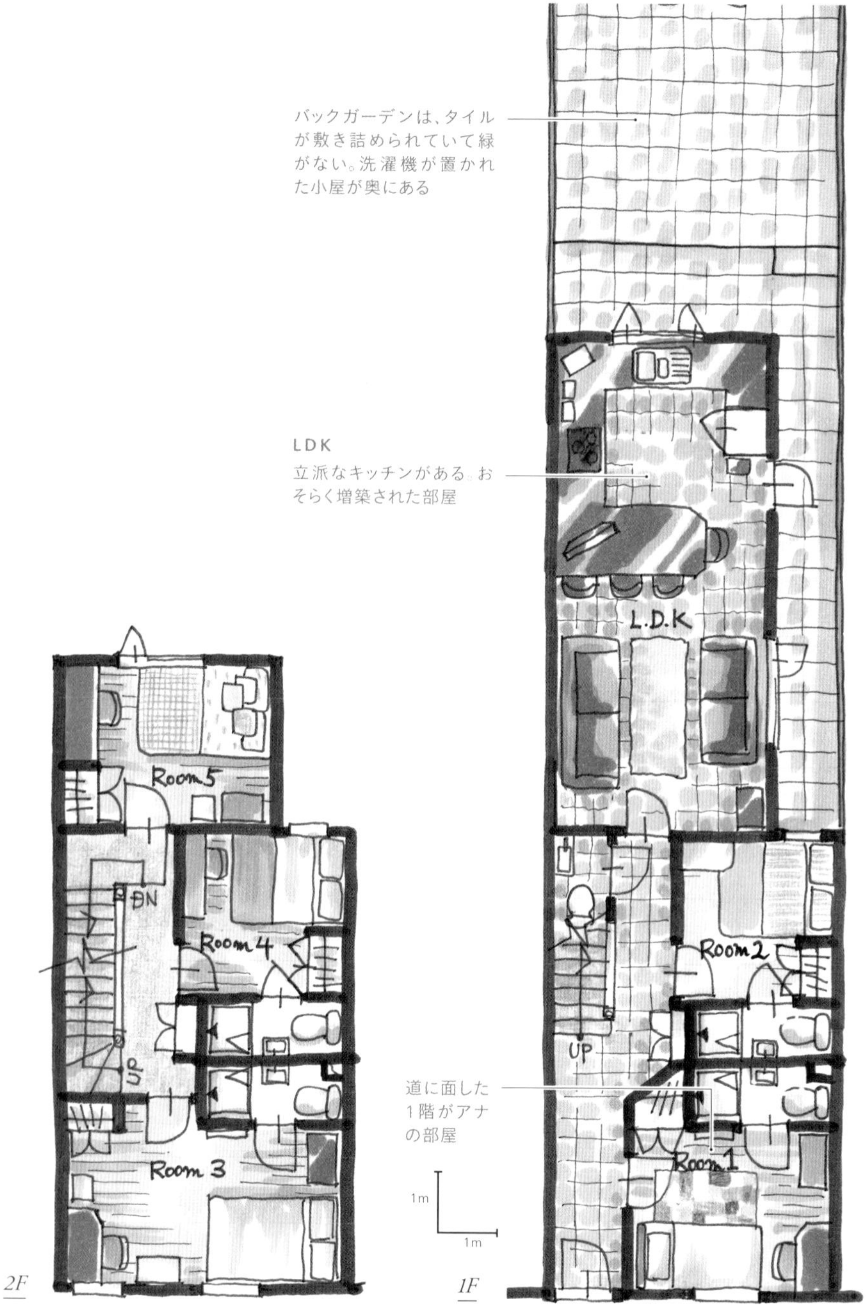
バックガーデンは、タイル
が敷き詰められていて緑
がない。洗濯機が置かれ
た小屋が奥にある
LDK
立派なキッチンがある。お
そらく増築された部屋
L.D.K
Room 5
DN
Room 4
UP
Room 3
2F
Room 2
UP
道に面した
1階がアナ
の部屋
Room 1
1m
1m
1F

アナの部屋

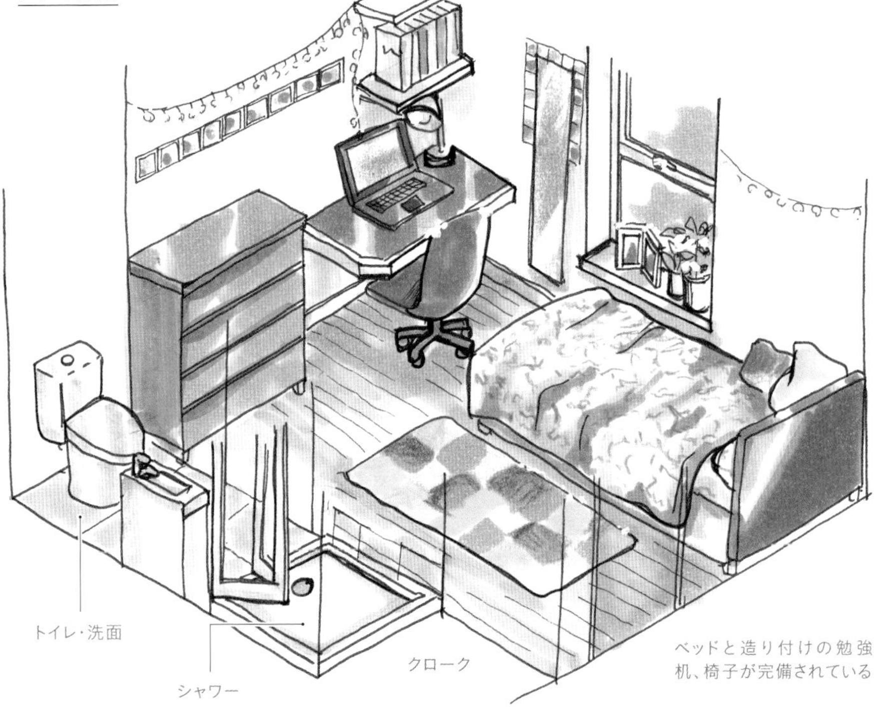

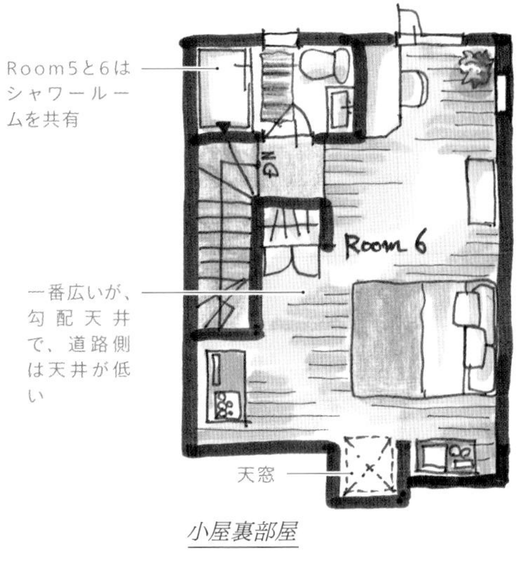

小屋裏部屋

女子大生の シェアハウスライフ

6人の女子が1部屋ずつ持ち、そこには個々にシャワーとトイレが完備されています。1階にLDKが設けてあり、それぞれが自由に使用できます。学年も学部もバラバラで、それぞれの学部の事情などにより、1年か2年でメンバーは入れ替わっていきます。女子大生どうし、ワイワイととても楽しそうにシェアハウス生活を送っているようでした。

chapter

4

訪問できる有名人の家の間取り

Front

Back

episode

OI

訪問できる有名人の家の間取り

「ジュピター」の作曲家
ホルストの家

ホルスト博物館

(Holst Birthplace Museum)
4 Clarence Road Cheltenham GL52 2AW

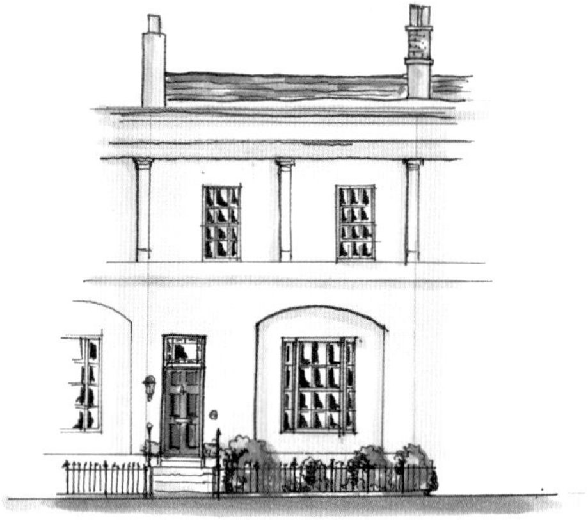

ここからは、有名人の家から「暮らしを見る」という点でお薦めの場所を紹介したいと思います。

管弦楽組曲「惑星」の第４楽章である「ジュピター」でおなじみの音楽家、グスターヴ・ホルスト（１８７４〜１９３４）の生家が、チェルトナムに残っています。

チェルトナムは保養地として発展した町で、リージェンシー様式の家が多く見られる美しい町です。

ホルストの生家もそんな街並みに溶け込む、１８３２年築のテラスハウスです。音楽教師の父とピアニストの母という音楽一家に生まれ、１８８２年までの幼少期をこの家で過ごしました。当時の中産階級の暮らしがうかがえます。

ビクトリア時代後期の暮らし

18世紀から19世紀にかけての典型的なテラスハウスの間取りを見ることができ、内装やインテリアはホルストが住んでいた当時のビクトリア時代のものが再現されています。

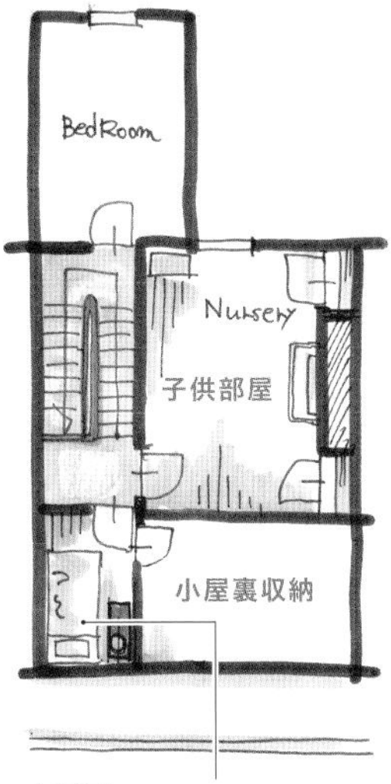

バックヤード
庭というより、使用人の作業場。使用人の出入口でもある
洗濯などを行う洗い場
地下
貯蔵庫
使用人の部屋だが、日中は奥様が指示を与えるための部屋にもなる

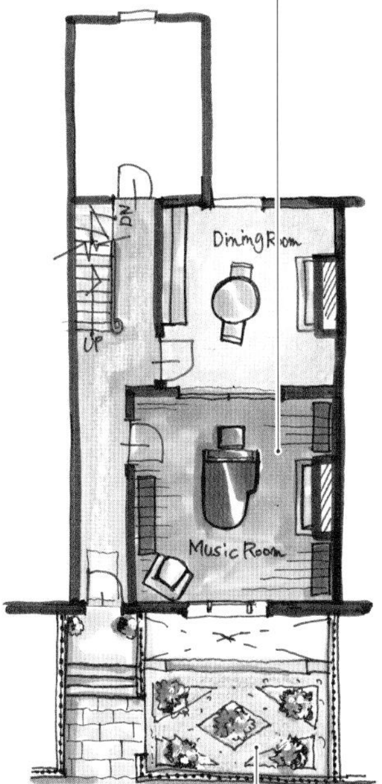
1階は展示スペースとなっており、ホルストの使っていたピアノが置いてある。内装壁は親交のあったウィリアム・モリスの時代のもの
1F
1830年代のフロントガーデン

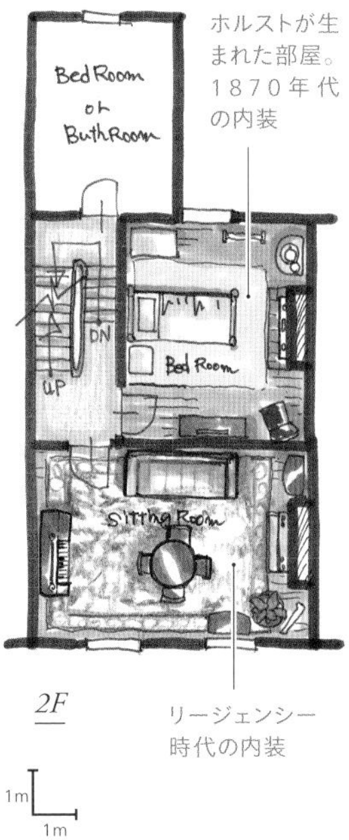

episode

02

訪問できる有名人の家の間取り

ピーターラビットの作者の家「ヒル・トップ」

ヒル・トップ

（Hill Top）
Near Sawrey, Ambleside LA22 0LF

ピーターラビットの作者であるビアトリクス・ポター（１８６６〜１９４３）が１９０５年に購入して実際に住んでいた家が、湖水地方のニア・ソーリー村にあります。湖水地方はイングランド北西部に位置し、避暑地や観光地としても人気の美しい場所です。村全体からピーターラビットの世界感を、五感で感じることができます。

「ヒル・トップ」は１６４０年築の歴史あるコテージで、背面に付随する階段のある場所は１７５０年に増築された場所です。一般公開されており、その世界に浸ることができます。隣接する左側の部分は１９０６年に増築された部分で、今は一般人が住んでいます。

暮らしの中に絵本のシーンを発見

「ヒル・トップ」といわれるこの家や庭には、絵本のモデルとなった場所がたくさんあり、ポターの世界がそのまま残っています。

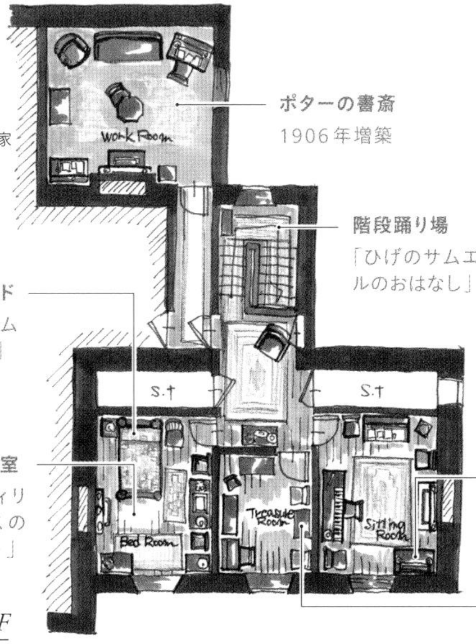

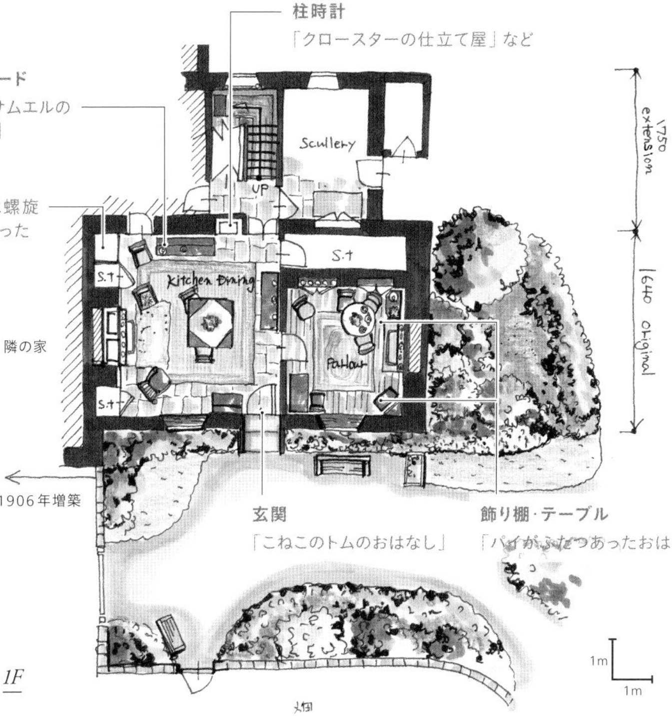

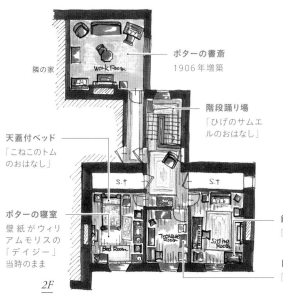

episode

03

訪問できる有名人の家の間取り

シャーロック・ホームズの家

シャーロック・ホームズ博物館

（The Sherlock Holmes Museum）
221b Baker St, Marylebone, London NW1 6XE

シャーロック・ホームズの家

推理小説「シャーロック・ホームズ」の主人公の住まいが、ロンドンにあります。ホームズは架空の人物ですが、その人気ゆえに設定どおりに、ベーカーストリート沿いにミュージアムとして存在しています。地下鉄駅の目の前と立地条件もよく、世界中から観光客で日々賑わっています。

ホームズと友人のワトソン博士は、１８８１年から１９０４年まで「ベーカー・ストリート２２１ｂ」の下宿宿家に住んでいました。建物は１８１５年築で、１８６０年から１９３４年まで実際にも下宿家として登録されており、ホームズが住んでいたと思わせてくれます。

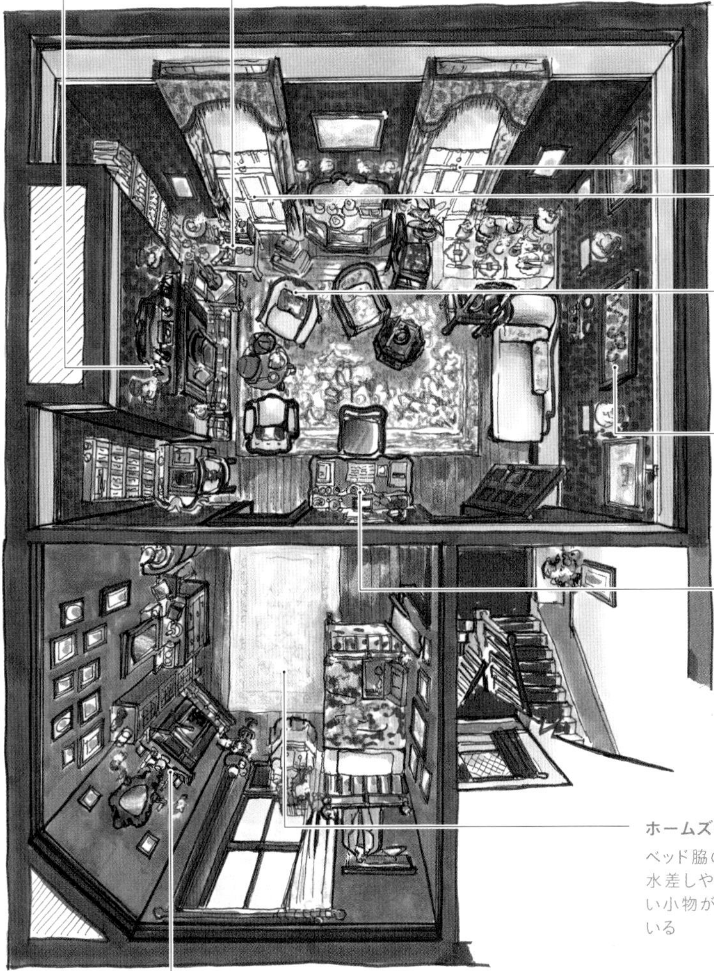

暖炉上にアイリーン・アドラーの写真
「ボヘミアの醜聞」
ホームズの机には、趣味の化学実験道具とストラディバリウスのバイオリンが置かれている
道に面した2つの窓は、小説にも登場する
ホームズの座る椅子
窓側がホームズの定位置
ホームズが打ったピストルの跡
「マスグレーヴ家の儀式」
ワトソンの机
新聞や書物が置かれている。医療品の入ったカバンも見ることができる
ホームズのベッドルーム
ベッド脇のサイドテーブルの水差しや、暖炉廻りなど細かい小物が、所狭しと置かれている
2F
ペルシアンスリッパ
スリッパのつま先にたばこを詰め込んでいたというスリッパが、暖炉の上にある

こだわりのアンティークの品々も魅力

物語と同様、1階から17段階段を上がると、2階のホームズの書斎兼リビングにたどり着けます。ホームズが活躍したビクトリア時代のインテリアや小物が、細かく再現されています。

episode

04

訪問できる有名人の家の間取り

建築家 マッキントッシュの家

マッキントッシュ ハウス

（The Mackintosh House）
Dumfries CampusUniversity of GlasgowRutherford/McCowan BuildingCrichton
University CampusDumfries DG1 4ZLScotland

スコットランド・グラスゴー出身の建築家、チャールズ・レニー・マッキントッシュ（１８６８〜１９２８）が１９０６年から１９１４年まで住んだ「マッキントッシュハウス」が、グラスゴー大学内に再構築されていて見学ができます。オリジナルのテラスハウスは現存しませんが、もとの場所からわずか１００mの位置に再構築されました。場所や方位、光の入り具合なども、オリジナルにできるだけ近づけているそうです。

建物内部の備品はオリジナルで使用されたものが使われているため、室内に入るとマッキントッシュの世界に違和感なく浸ることができます。

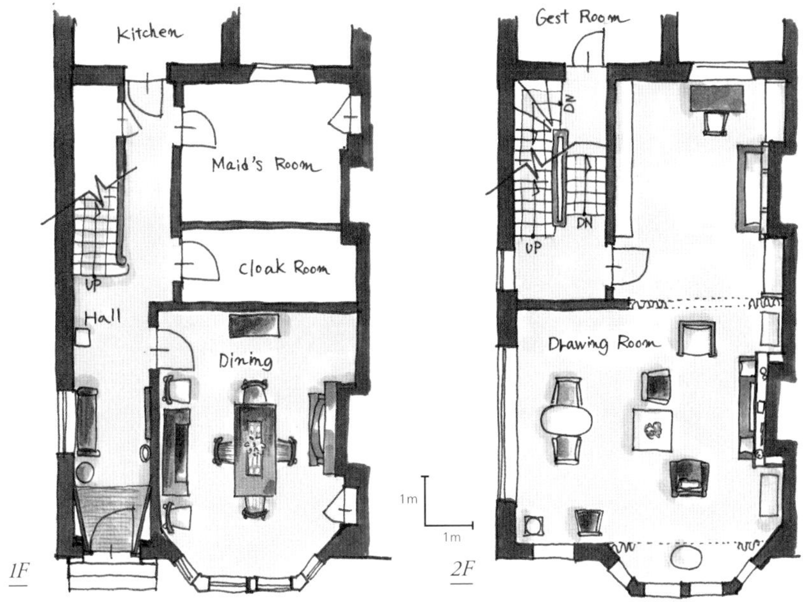

1階のホールとダイニングルーム、2階のドローイングルーム、3階の寝室が再現されていて見ることができます

ホール
デザインされた玄関の扉から、マッキントッシュの世界が始まる

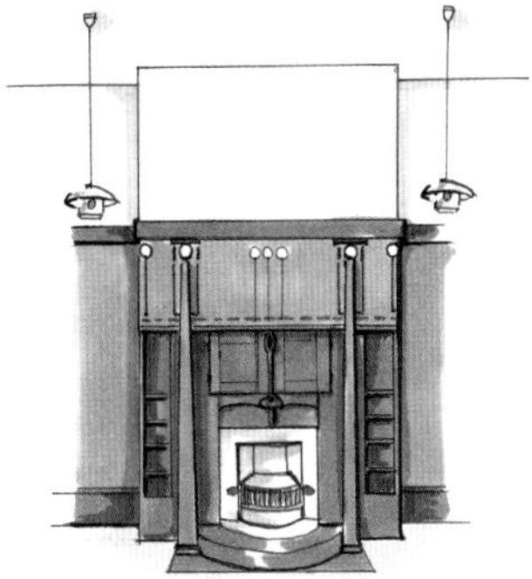

ダイニングルーム暖炉
暖炉もデザインされている

「アーガイル　ハイバックチェア」
有名なマッキントシュの椅子はダイニングの椅子に使われている

マッキントッシュのデザインを堪能

隣家と同じ間取りをした、典型的なテラスハウスに住んでいました。同じ間取りだからこそ、内装デザインだけでどれだけオリジナリティが出せるかが試されます。内装から家具、照明、リネンまで、すべて彼と奥様のデザインでトータルコーディネートされたマッキントッシュの家。デザインの可能性が感じられる場所です。

episode

05

訪問できる有名人の家の間取り

“ダウントン・アビー”のロケ地 ハイクレア城

ハイクレア城

(Highclere Castle)
Highclere Park, Highclere, Newbury RG20 9RN

イギリスの人気ドラマとして世界中でもファンの多い「ダウントン・アビー」。２０１０年から6シーズンにわたってドラマ化され、日本でも放映されました。１９１２年から１９２５年の地方貴族一家とそこに住む使用人たちの日常を描いた作品で、２０１９年に映画も公開されました。物語の舞台となるカントリーハウスは、実在する「ハイクレア城」で、今もカナーヴォン伯爵一家が所有し、住んでいます。ドラマでは1階と2階の一部が使われ、予約制で一般公開もされています。当時の部屋の使われ方をドラマで見たうえで見学すると、部屋の役割とそこに住む人々の動線がよく分かります。

貴族の暮らしを体感

玄関からホールに入ると、ダウントンアビーの世界がそのまま実在していて感動します。城には200から300の部屋があるとされ、実際使用している部屋は15部屋とのことです。

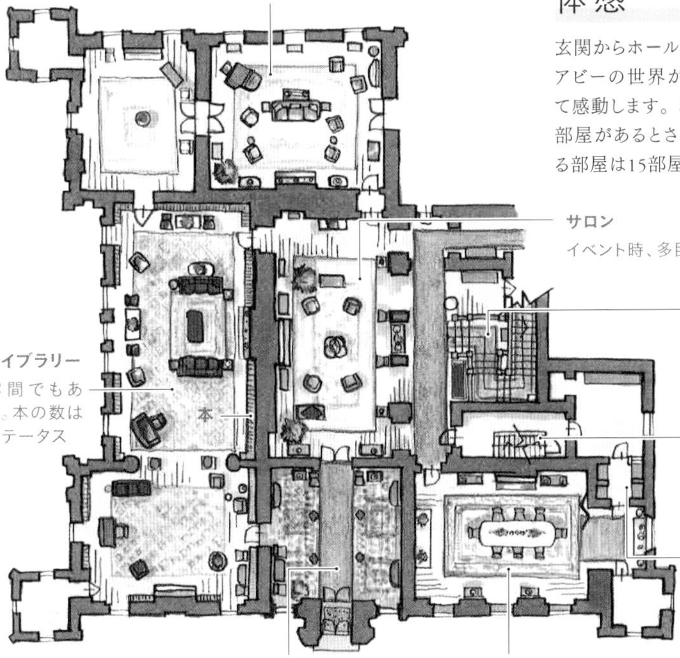

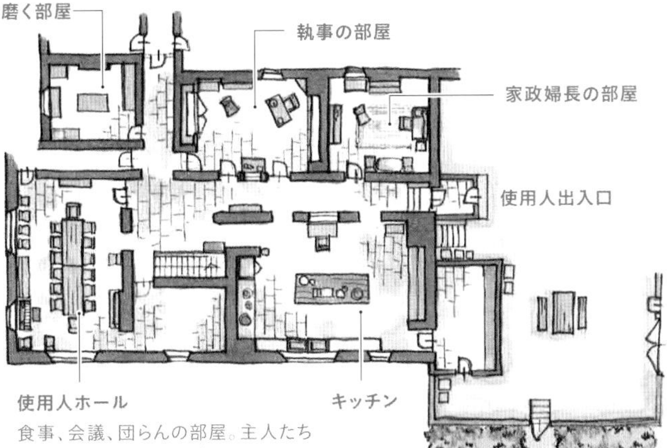

※地下は実際のハイクレア城とドラマの世界では異なります。実際は展示スペースで、この図はドラマセットになります

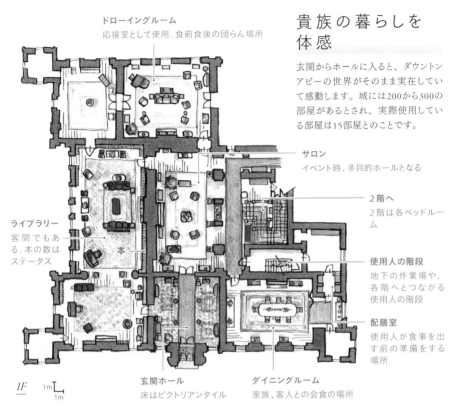

「クリスマスキャロル」の小説家の家

「クリスマスキャロル」で有名な小説家チャールズ・ディケンズ（1812～1870）が、1837年～1839年に住んでいたテラスハウス。1805年築で、住んでいた当時の生活スタイルが再現されている。ロンドン市内にあり、訪れやすい。

チャールズ・ディケンズ博物館

(Charls Dickens Museum)
48-49 Doughty St, Holborn, London

シェイクスピアの生家

「ハムレット」や「ロミオ＆ジュリエット」など多くの傑作を残した劇作家ウィリアム・シェイクスピア（1564～1616）の生家。15～16世紀のハーフティンバーの家が多く残る、ストラトフォード・アポン・エイヴォンの市街地に博物館と併設され、観光地となっている。

シェイクスピアの生家

(Shakespeare' s Birthplace)
Henley St, Stratford-upon-Avon CV37QW

1463年築のシェイクスピアの妻の実家。茅葺き屋根のチューダー様式の家を見ることができる。当時の暮らしが分かるように、家具とともに再現されている。シェイクスピアの生家から徒歩30分くらいだが、町から離れたよさがある。

アン・ハザウェイの家

(Anne Hathaway' s Cottage)
Cottage Ln, Shottery, Stratford upon Avon CV37 9HH

ウィリアム・モリスの別荘

ウィリアム・モリスが1871年から亡くなる1896年まで借りていた別荘「ケルムスコット・マナー」。オックスフォード近くのテムズ川源流の近くにある、自然豊かな美しい場所。サマータイム期間の週2日しか開いていないが、数あるモリスゆかりの地のなかで、個人的には最もモリスのスピリッツを感じる場所。多くの有名なデザインが生まれたのも納得。モリスの墓も近くにあり、今もこの地で眠る。

ケルムスコット・マナー
(Kelmscott Manor)
Kelmscott Lechlade GL7 3HJ

column

「Open House London」

「オープンハウスロンドン」とは、毎年9月の20日前後の週末2日間だけ開催され、ロンドン市内の約800の建物が無料で公開されるイベント。その魅力は、普段は入れない多くの建物に入って見ることができること。個人住宅から有名建築物、施設など、新旧問わず普段は入れない魅力的な建物が公開される。個人邸の主は建築家やデザイナーであることも多く、彼らの自宅や事務所を彼らの説明のもと見ることができるのはとても貴重。有名建築物には事前予約が必要な場合もあるが、ほとんどは当日参加できる。

ガイドブックはネットで買うことができ、事前に行きたい場所をチェックできる。最近はアプリをダウンロードすれば、公開されている建物が地図上に示される仕組みになっており、とても便利

chapter

5

イギリスの住宅
Q&A

Front

Q&A 01　イギリスの家は方位を気にしない？

Q&A 02　いつでも来客を迎える準備は万全？

Q&A 03　ＬＤＫの間取りは人気ない？

Q&A 04　日曜日だけ使う部屋があるって本当？

Q&A 05　収納はどうしているの？

Q&A 06　日本とは不動産の価値観が違う？

Q&A 07　町並みはどのように守られているの？

Q&A 08　アンティーク建材はどうやって手に入れるの？

Back

Q+A

01

イギリスの住宅　Q+A

イギリスの家は方位を気にしない？

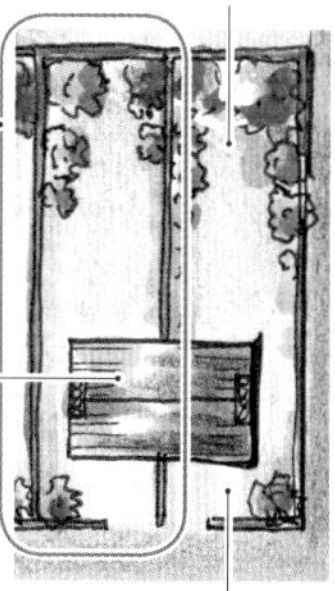

敷地に余裕のある場合はフロントガーデンがあるが、都市部ではない場合が多い

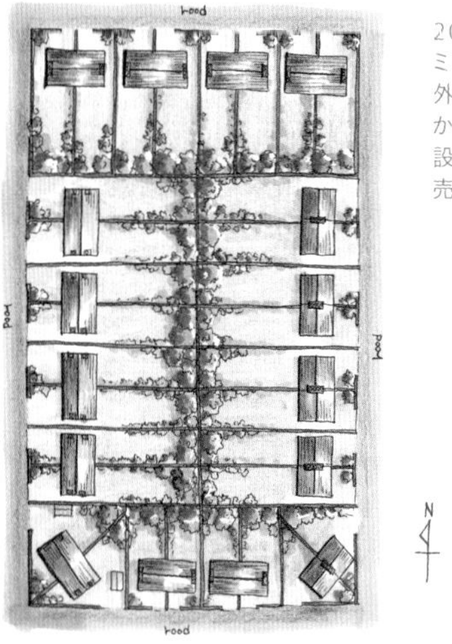

20世紀に入ってからのセミデタッチドハウスの、郊外のワンブロック。道に向かって建っている。同じ建設会社が同時に建てる建売式が基本

イギリスと日本の家の違いは、敷地に対する家の配置にあります。日本では家をできるだけ敷地の北側に寄せて、南側に広く明るい庭を取ろうとします。そして南に面してメインの部屋が割り当てられます。イギリスでは方位関係なく道路側に寄せて家を建て、庭はその背後に配置されます。つまり道路側が南の家は、庭が北側に配置されることになります。しかし、隣接する家も同じようにして建つため、隣家の建物がこちらの庭に影を落とすことはなく、庭面が重なり合い、隣近所の家が視界に入ることはありません。近隣の庭を〝借景〟にする緑の景色は、北面でも心地よい明るさがあります。

Q+A

02

イギリスの住宅　Q+A

いつでも 来客を迎える準備は万全？

泊めてもらった部屋。テラス付きで子どもたちの部屋よりも大きい

ゲストルームが一番広く、景色のよい部屋で驚いた家の間取り

どんな家にもゲストルームがあります。そして、いつ誰が来てもよいように、多くの家では美しくベッドメイキングがされた状態を保っています。たまに来るゲストのために、普段使う家族の部屋よりもよい部屋が割り当てられ、空けてあることに驚きます。部屋がない場合はソファベッドが置かれ、対応が考えられています。

また、家族用の冷凍冷蔵庫とは別に冷凍庫を保有している家が多くあります。食料を常に備蓄しているようで、イギリス人に聞くと、「いつ人が来ても迎える準備はできているわ。イギリス人は皆そうよ」とのこと。イギリス人は人を招くのが好きなようです。

Q+A

03

イギリスの住宅　Q+A

LDKの間取りは人気ない？

パターン別間取り事例数（3章の間取りを分類）

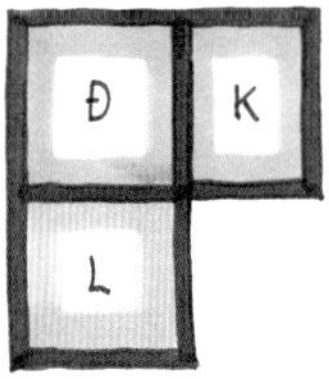

6軒
掲載頁:
P92/P96/
P100/P111/
P121

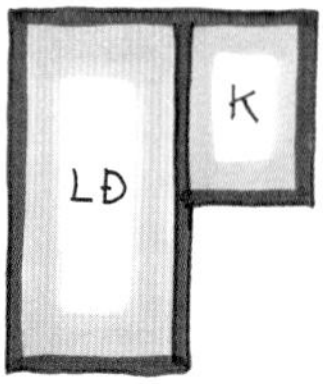

4軒
掲載頁:
P73/P78/
P128/
P131/

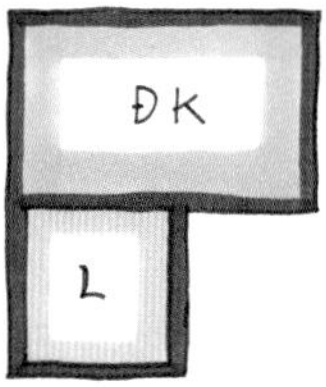

9軒
掲載頁:
P69/P71/P84/
P89/P104/
P108/P114/
P122/P135/
P148

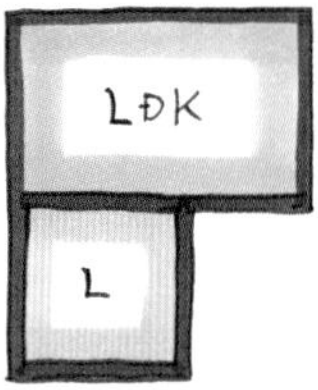

3軒
掲載頁:
P64/P75/P118
正確にはDK+ファミリースペース

K…キッチン　D…ダイニング
L…リビング（ラウンジ・パーラー・シッティングルーム・ドローイングルームなど）

昨今の日本では、リビング、ダイニング、キッチンを1つの空間にする、LDKの間取りが主流です。家族のコミュニケーションを取りやすく、開放的な空間が人気です。そんなLDKですが、イギリスではあまり見かけません。LDK+Lとは、LDKはあっても別に客間があるという意味です。昨今ではイギリスでもオープンプランが人気ですが、キッチンとは切り離された客間は存在します。LDKのLの表記をファミリーと呼ぶように、来客を招く場所とは分けたいようです。またリビングにはくつろぐ空間としての役割も大切で、日常と切り離された部屋であることが好まれます。

Q+A

04

イギリスの住宅　Q+A

日曜日だけ使う部屋があるって本当？

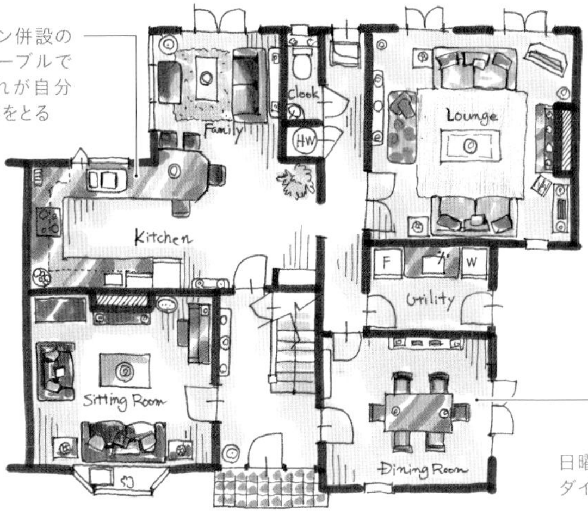

普段はキッチン併設のカウンターテーブルで家族それぞれが自分の時間に食事をとる

日曜日に解禁されるダイニングルーム

イギリスでも、平日は家族の出勤も帰宅もバラバラで、各自の食事はキッチンに併設されたカウンターやダイニングスペースで済ませる家庭が多くなっています。しかし、家族がそろう日曜日は特別。平日には使われていないダイニングルームが使われる、ハレの日です。

イギリスでは日曜日の昼に、「サンデーロースト」「サンデーランチ」と呼ばれる伝統的な料理を、家族で楽しむ習慣があります。そんな週に1回のスペシャルな時間を、平日とは異なる場所で楽しむのです。イギリス人は住空間も含めて、日常を楽しむのが上手です。

Q+A

05

イギリスの住宅　Q+A

収納はどうしているの？

寝室の収納の例

新築備え付けクローク　後付け造作収納　家具に収納

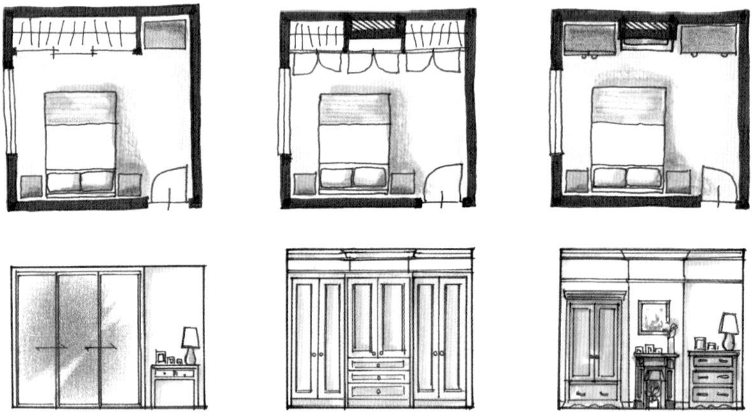

鏡引戸が多い

スペースに合わせて製作された造作家具

インテリア要素が高い

昔の家には収納がありません。古い家に住むことが多いイギリス人は収納をどうしているのでしょうか。昔と同じように置き家具で対応している家もありますが、最近では後付けの家具を施工している家を多く見かけます。暖炉脇の凹スペースは、収納に変身させるには最適の場所です。近年建てられた家には、日本と同じように最初から部屋に収納を設けている家が見られるようになりました。大きな物の収納には、屋根裏部屋やガレージが使われます。特にガレージとは名ばかりで、車を入れずに部屋に改装したり収納スペースにしたりと、別用途で使われていることが一般的です。

Q+A

06

イギリスの住宅　Q+A

日本とは不動産の価値観が違う？

家の評価ポイント

建物

①築年:時代の人気
②家の大きさ
③家の劣化度:メンテナンスがされているか
④増改築がどれだけされているか
⑤付属品のスペック
⑥間取り:流行りの改装がしてあると評価が高い。ダイニングキッチン、オープンプランなど
⑦電気やセントラルヒーティングの有無
⑧その他:ペアガラスになっているかなど
⑨収納スペース

立地

①需要・立地条件
②場所・エリア

まず「築年数」のとらえ方が、日本とは違います。日本ではどれだけ新しいかで家が評価されますが、イギリスでは年代の人気で評価されます。新しい、古いで単純に評価されません。ただし、魅力的な年代ものでも、メンテナンスができていなければ評価は下がります。そのため、きちんとメンテナンスを施すことは高評価を得るために重要です。面白いのが⑤の付属品のスペックの評価です。キッチンユニットや暖炉、蛇口や取手に至るまで基準となるそうです。アンティークの家具や陶器が人気の国ですが、家に対する価値評価も、アンティークに対するのと近いものを感じます。

Q+A

07

イギリスの住宅　Q+A

町並みはどのように守られているの？

イギリスには街並みを守り、歴史ある家を残して保護するための規制があります。家に規制がかかる「リスティッド・ビルディング」と、地域に規制がかかる「コンサベーションエリア」です。

「リスティッド・ビルディング」は、歴史的な価値が認められる建物などを対象として、国が認定します。「コンサベーションエリア」は、家が面する道路に指定され、その街並みを守ります。どちらも外観を勝手に変更できず、役所の許可を取る必要があります。そういった家に住む人たちは、その家に住むことを誇りととらえ、家を美しく保つことに尽力します。

Q+A

08

イギリスの住宅　Q+A

アンティーク建材はどうやって手に入れるの？

アンティーク熱が盛んなイギリスには、建材のアンティーク屋が存在します。「レクリメーション Reclamation」（再生利用）と呼ばれ、取り壊された家などから回収した石の屋根材やレンガ、ブリック、チムニーなどの外構材のほか、室内の床材やタイル、暖炉なども扱います。多くの人が歴史ある家に住むイギリスでは、家の改修などで同じ年代の建材を探す人も多く、需要があります。特にリスト（P180）に入っている家は、できるだけオリジナルに近い素材を使って補修することが求められます。このように、その建物で使われなくなった建材でも、ほかの家で生かされ、循環するのです。

プロフィール

山田佳世子［やまだ・かよこ］

甲南女子大学文学部英米文学科卒業。住環境福祉コーディネーターとして住宅改修に携わったのが建築との出会い。その後、町田ひろ子インテリアコーディネーターアカデミー卒業、輸入住宅に従事する工務店で設計プランナーとして経験を積み、二級建築士取得。現在はフリーの住宅設計プランナーとして独立、定期的なイギリス住宅の訪問がライフワークとなっている。著書に『図説 英国の住宅』（河出書房新書）などがある。

Instagram: kayoko.y0909

参考文献

『イングランドの民家』（R.W.ブランスキル著　片野博訳、井上書院、1985.11）

『イギリスの住宅デザインとハウスプラン』（特定非営利活動法人　住宅生産性研究会著、特定非営利活動法人　住宅生産性研究会、2002）

『イギリスの郊外住宅』（片木篤著、住まいの図書館出版局、1987.12）

『英国住宅に魅せられて』（小尾光一著、式会社RSVPパトラーズ、2015.6）

『西洋住宅史』（後藤久著、株式会社彰国社、2005.9）

『イギリスの歴史』（指昭博著、河出書房新社、2002）

『絵でみるイギリスの住まい』（マーガレット / アレクサンダー・ポーター著、相模書房、1984.2）

『VILLAGE BUILDIGS OF BRITAIN』（Matthew Rice著、Little,Brown and Company、1991）

『ENGLISH CANALS EXPLAINED』（STAN YORKE著、COUNTRY SIDE BOOKS、2003）

『GEORGIAN & REGENCY HOUSES EXPLAINED』（Trevor Yorke著、COUNTRY SIDE BOOKS、2007）

『BRITISH ARCHITECTURAL STYLES』（Trevor Yorke著、COUNTRY SIDE BOOKS、2008）

『TUDOR HOUSES EXPLAINED』（Trevor Yorke著、COUNTRY SIDE BOOKS、2009）

『TIMBER FRAMED BUILDINGS EXPLAINED』（Trevor Yorke著、COUNTRY SIDE BOOKS、2010）

『VICTORIAN GOTHIC HOUSES STYLES』（Trevor Yorke著、COUNTRY SIDE BOOKS、2012）

『THE VICTORIAN HOUSE EXPLAINED』（Trevor Yorke著、COUNTRY SIDE BOOKS、2005）

『EDWARDIAN HOUSE』（Trevor Yorke著、COUNTRY SIDE BOOKS、2013）

『ARTS & CRAFTS HOUSE STYLES』（Trevor Yorke著、COUNTRY SIDE BOOKS、2011）

『The 1930's HOUSE EXPLAINED』（Trevor Yorke著、COUNTRY SIDE BOOKS、2006）

『1940s & 1950s HOUSE EXPLAINED』（Trevor Yorke著、COUNTRY SIDE BOOKS、2010）

『PREFAB HOMES』（Elisabeth Blanchet著、Shire Publications、2014）

Special thanks

Heather Hatber

Megumi Barnett

あとがき

一般の家のリサーチをするにあたり、本当に多くの英国人の家族に協力してもらいました。ここでご紹介できなかった家も私のなかではとても大切な記録となっています。旅を始めたときは、私の単なる好奇心でしかなく、出版することを念頭に置いていたわけではありませんでした。間取りを記録することは、建築の仕事をしている私にとっては癖のようなもので、記憶するための手段でした。いつしか私の描いた間取りスケッチを訪問したお宅にプレゼントすると喜ばれることを知り、お礼の品となっていったのです。家に思い入れのある英国人にとっては嬉しいものだったようです。お世話になった家での滞在方法は、何日も泊まったり、お茶だけしたり、ディナーだけしたりと、さまざまでした。「家の中を見せてほしい」と言っても、私の場合、プライベートな部屋も全部見て描きますので、普通は嫌がられそうなものですが、ほとんどの方が協力してくださり、快く部屋を見せて案内してくれました。誇らし気に家を案内する方が多く、家への愛を感じたものです。

最終的には紹介の連鎖で多くの家を訪問できた私ですが、南イングランドではヘザー、北イングランドではめぐみさんによる協力がなければここまで訪問数を増やすことができませんでした。この場を借りて感謝申し上げます。

また、この書籍のリサーチには日英を行き来しながら7年の歳月を費やしましたが、日本、イギリス双方のさまざまな方の応援と励ましなしには成し得ませんでした。本当に有難いと思っております。この本のタイトルをいただいたとき、「日本でもできる！　英国の間取り」と強気なワードに少々驚きましたが、これからは使い捨ての家ではなく、英国人と家の関係性のように、住み継がれる家を育てていくことも住む人次第でできるのではないかと思っております。１００年後の日本に、物語の詰まった家が溢れていますように。

山田佳世子

日本でもできる！

英国の間取り

2020年10月 7 日　初版第 1 刷発行
2021年 8 月20日　　　第10刷発行

著　者　　山田佳世子

発行者　　澤井聖一

発行所　　株式会社エクスナレッジ
〒106-0032
東京都港区六本木7-2-26
https://www.xknowledge.co.jp/

問合せ先　編集　Tel：03-3403-1381
Fax：03-3403-1345
info@xknowledge.co.jp
販売　Tel：03-3403-1321
Fax：03-3403-1829